AF523486

Wittus Witt

Taschenspieler Zauberkünstler Illusionisten

Was Sie schon immer über die Zauberkunst wissen wollten

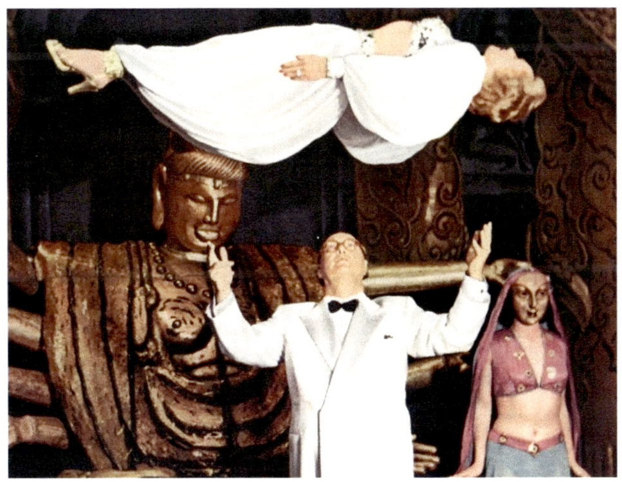

Der berühmte Zauberkünstler Kalanag lässt seine Frau schweben

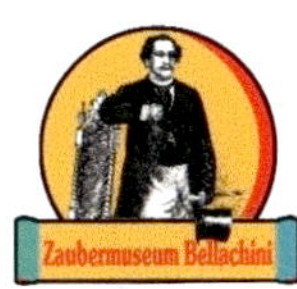

Eine Zaubermuseum-Bellachini-Publikation · Hamburg

Vorwort

Die Zauberkunst ist eine der ältesten Darstellungsformen, die wir kennen. Sie ist vergleichbar mit dem Theater-Spielen, denn sie funktioniert nur mit einem Gegenüber. Natürlich kann der Zauberer nicht zaubern, aber mit seinem Tun kann er bei dem Zuschauer die Illusion erzeugen, als ob er zaubern könnte. Der Zauberer regt die Fantasie an und spielt scheinbar mit den Naturgesetzen: Er lässt Gegenstände durch feste Materie durchdringen, er kann Bälle in „Luft" auflösen, Gedanken lesen und Dinge schweben lassen. All dies scheint im Widerspruch zu unseren naturwissenschaftlichen Erkenntnissen zu stehen. Aber in Wirklichkeit bedient sich der Zauberkünstler gerade dieser naturwissenschaftlichen Möglichkeiten, um das Unmögliche möglich zu machen.

Mit diesem Buch erklärt und beschreibt der Zauberkünstler Wittus Witt, wie sich die Zauberkunst entwickelt hat und wie sie es schafft, Zuschauer auf angenehme und unterhaltsame Weise zu unterhalten.

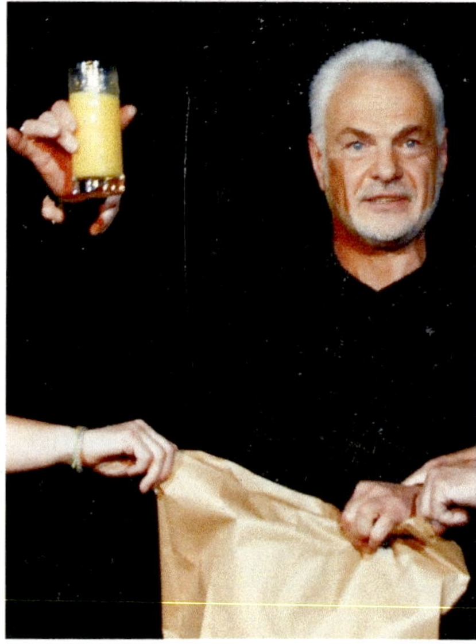

Die Zeitreise, auf die Wittus Witt seine Leser mitnimmt, ist durchaus lang, denn man kennt Zauberkünstler bereits seit rund 5000 Jahren.

Heute treten Zauberer fast überall auf. Sie sind gern gesehene Künstler auf Gala-Veranstaltungen, Geschäftstreffen, privaten Veranstaltungen für Groß und Klein, und sie treten seit etlichen Jahren ebenso immer wieder vermehrt in Theatern auf. Auch im Fernsehen kann man sie oft bewundern. Grundsätzlich kann jeder das Zaubern erlernen, so wie man auch ein Musikinstrument einstudieren kann. Ob man damit ein „großer" Künstler wird hängt jedoch immer von der Persönlichkeit des Vorführenden ab. Wie beim Theater-Spielen muss es dem Akteur glaubhaft gelingen, die Illusionen zu vermitteln. Zauberkunst ist mehr, als nur ein Handwerk erlernen. Der Zauberkünstler lässt die Illusionen durch Kommunikation entstehen. Er spielt mit den Zuschauern. Je besser er das Spiel lenken kann, desto überzeugender werden die Illusionen in den Köpfen der Zuschauer erscheinen.

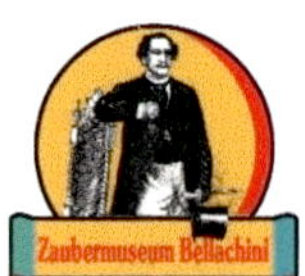

Eine Museum-Bellachini-Publikation, Hamburg

Wittus Witt
Taschenspieler, Zauberkünstler, Illusionisten

Idee und Gestaltung: Wittus Witt
Lektorat: Peter Wannemacher
Bildmaterial aus der Sammlung Wittus Witt

ISBN 978-3-00-051287-2

Inhalt

Dedi: Der erste Zauberer

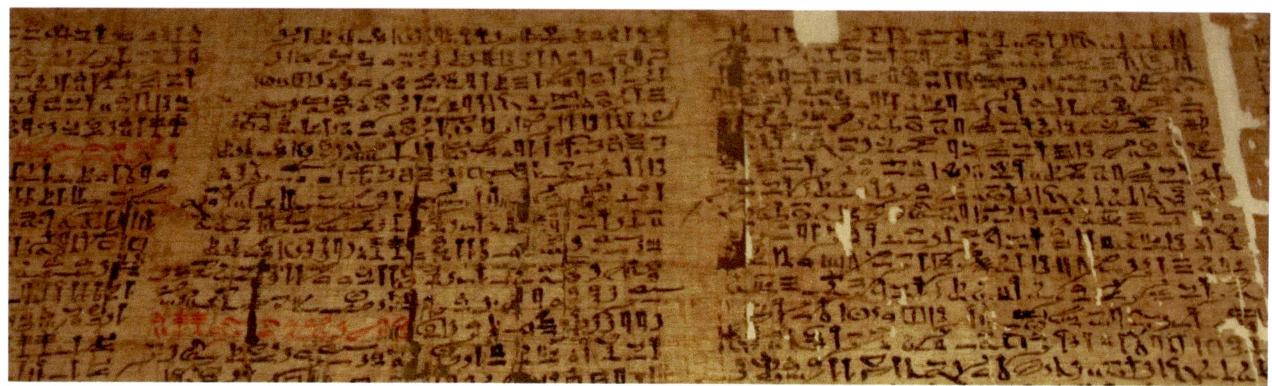

Der berühmte Papyrus Westcar, der von Dedis Auftritt erzählt wird.

Vor rund 5000 Jahren hackte der Zauberer Dedi einer Gans den Kopf ab und legte ihn auf eine Seite der Bühne. Den Rumpf der Gans legte er auf die gegenüberliegende Seite. Nun sprach Dedi einen Zauberspruch: Plötzlich bewegten sich beide Teile der Gans aufeinander zu, bis sie wieder eine komplette schnatternde Gans ergaben.

Diese Beschreibung gilt als älteste Aufzeichnung einer Zaubervorstellung. Sie wurde um 2500 vor Christi Geburt in Ägypten am Palast des Königs Cheops gezeigt.

Heute führen moderne Zauberkünstler im Prinzip immer noch das gleiche Kunststück vor. Sie nennen es „Das Zersägen einer lebenden Person." Die Erzählung von Dedis verblüffendem Kunststück findet man in einem sehr alten Schriftstück, das als Papyrus Westcar bekannt ist. Es ist ein langer Bogen Pergamentpapier, auf dem viele Geschichten beschrieben werden. Der Papyrus wird heute im Ägyptischen Museum Berlin aufbewahrt.

Die Zauberkunst verweist damit auf eine lange Tradition. Sie gehört mit zu den ältesten Unterhaltungskünsten, die wir Menschen kennen. Kein Wunder, denn der Mensch wird sich wahrscheinlich schon von Anfang an gewünscht haben, zaubern zu können. Einfach mit den Fingern schnipsen und schwupps – steht ein volles Glas Orangensaft auf dem Tisch.

Zauberer als Unterhaltungskünstler

Heute erfreuen wir uns an den Vorstellungen der Zauberer, aber das war nicht immer so. Denn es gab auch eine Zeit, in der man die Zauberer mit vermeintlichen Hexen und Teufeln verband. Manche Zauberer, wie zum Beispiel der Graf Cagliostro (8.6.1743 – 26.8.1795) trugen selbst dazu bei, dass man die Zauberkünste mit „Teufelsmachwerken" verband. Noch im 18. Jahrhundert reiste der Graf Cagliostro durch die Lande und gaukelte den Menschen vor, er könne Gold zaubern.

Versuche, die Zauberer als Unterhaltungskünstler darzustellen, gab es allerdings schon weit davor. So schrieb der englische Arzt und Landwirt Reginald Scott (1538–1599) 1584 ein bedeutungsvolles Buch, das er „Die Aufklärung der Hexenkunst" (The Discoverie of Witchcraft) nannte. Hier beschreibt er etliche Zaubereien, wie sie funktionieren und wie sie vorgeführt werden.

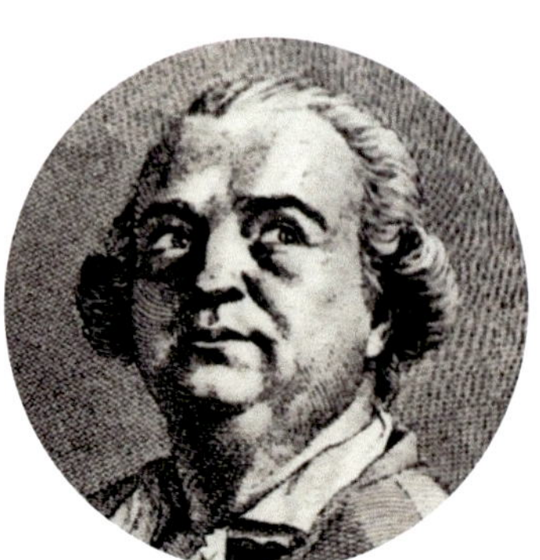

Allesandro Graf von Cagliostro hieß eigentlich Guiseppe Balsamo und stammte aus Palermo. Er war Abenteurer, Alchemist und Betrüger

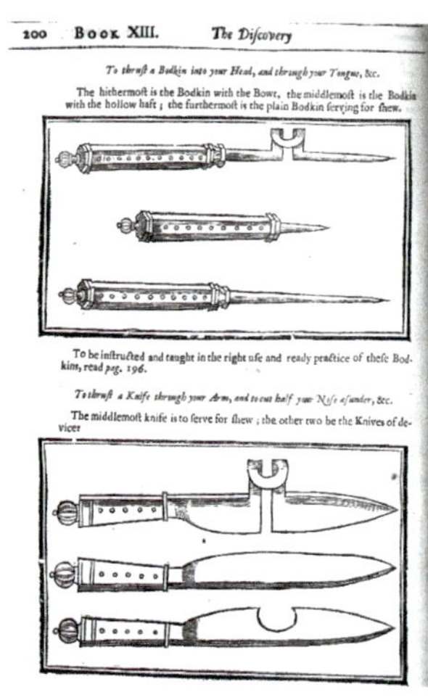

200 BOOK XIII. The Discovery

To thrust a Bodkin into your Head, and through your Tongue, &c.

The hithermost is the Bodkin with the Bowt, the middlemost is the Bodkin with the hollow haft; the furthermost is the plain Bodkin serving for shew.

To be instructed and taught in the right use and ready practice of these Bodkins, read pag. 196.

To thrust a Knife through your Arm, and to cut half your Nose asunder, &c.

The middlemost knife is to serve for shew; the other two be the Knives of device

Reginald Scott beschreibt 1584 ein Trickmesser, das die Zauberer benutzten.

Die Taschenspieler

**Das Becherspiel:
Unter drei Bechern wandern drei Kugeln hin und her, sie durchdringen die Becherböden so, wie es der Zauberer wünscht. Zum Schluss verwandeln sich die drei kleinen Bälle in große.**

Im 16. 17. und 18. Jahrhundert nannte man die Zauberkünstler nicht Magier, Zauberer oder Illusionisten sondern ganz schlicht und einfach „Taschenspieler". Sie trugen um die Schulter oder um die Hüfte eine Tasche, die Gaukeltasche, in der sie ihre Utensilien aufbewahrten und aus der heraus sie im wahrsten Sinne des Wortes spielten. Das Repertoire dieser Taschenspieler war Jahrhunderte von Jahren fast immer gleich: Sie spielten mit Kugeln und Bechern, ließen Eier erscheinen und verschwinden und zogen sich Fäden durch die Nase. Kunststücke, die auch heute noch gern von Zauberern gezeigt werden. Am beliebtesten ist sicherlich das Spiel mit den Bechern und Kugeln, das man auch gern als das „Becherspiel" bezeichnet. Kugeln wandern unter Bechern hin und her. Sie scheinen die Becher regelrecht zu durchdringen, so, wie der Zauberer es möchte. Zum Schluss verwandeln sich die Bälle in große Bälle oder sogar in echte Früchte wie Zitronen und Orangen.

Ebenso beliebt ist das Kunststück mit einem Ei, das in einen leeren Beutel hineingezaubert wird und wieder daraus verschwindet.

Die Taschenspieler traten nicht auf Bühnen und in Sälen auf. Sie spielten unter freiem Himmel auf Straßen und Volksfesten. Manchmal auch in Gaststätten, wo sie ihr Publikum unterhielten.

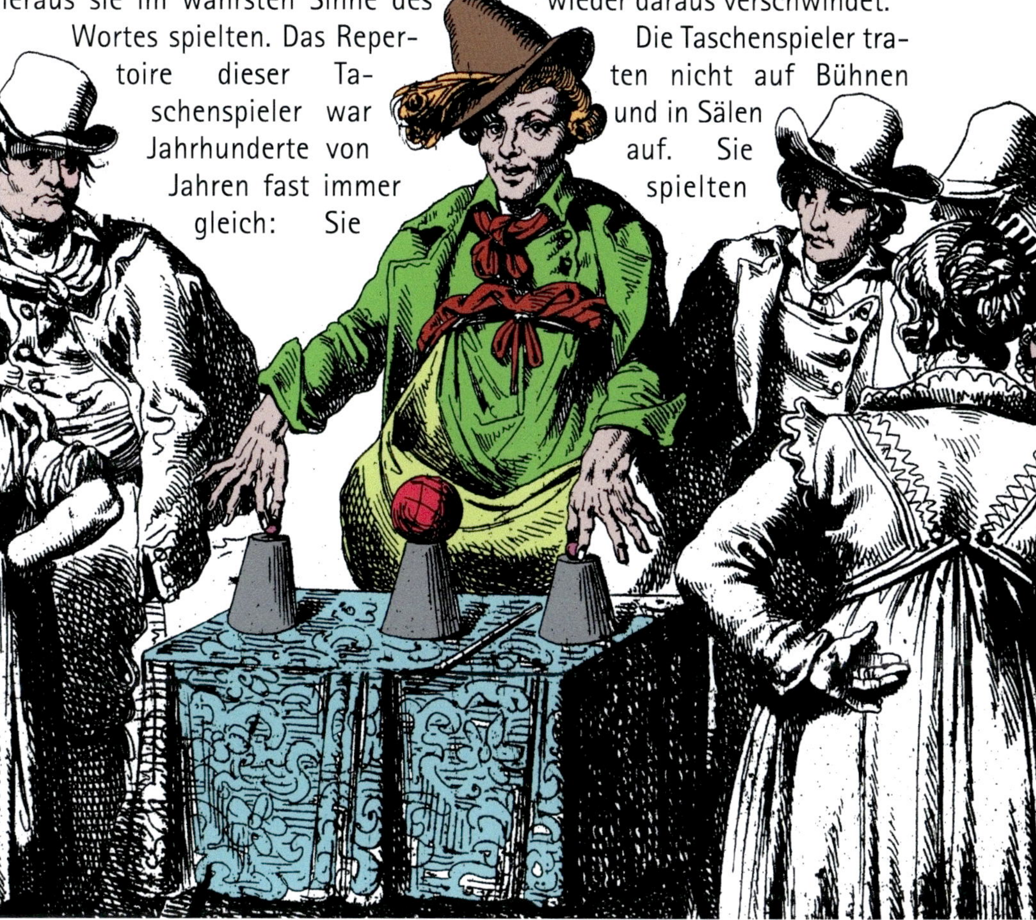

JOSEPH FRŒLICH,
UFFON ET PRESTIDIGITATEUR DE LA COUR DE S

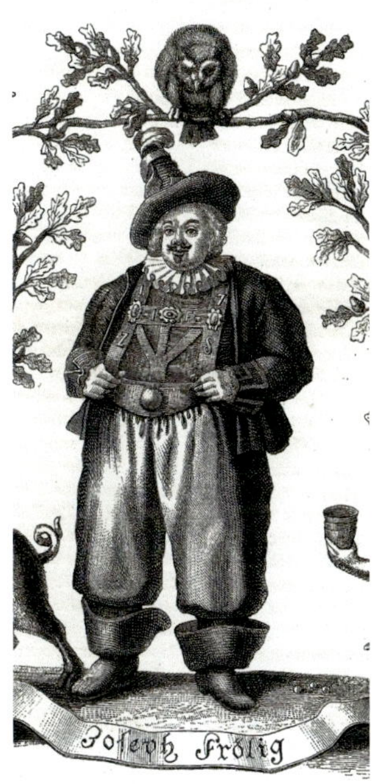

Der Hoftaschenspieler Joseph Fröhlich

Einer der berühmtesten Taschenspieler war Joseph Fröhlich (18.2.1694–24.6.1757). Er durfte sogar am Königshaus von August dem Starken zaubern und sich seitdem als „Hoftaschenspieler" bezeichnen.

Von der Straße auf die Bühne

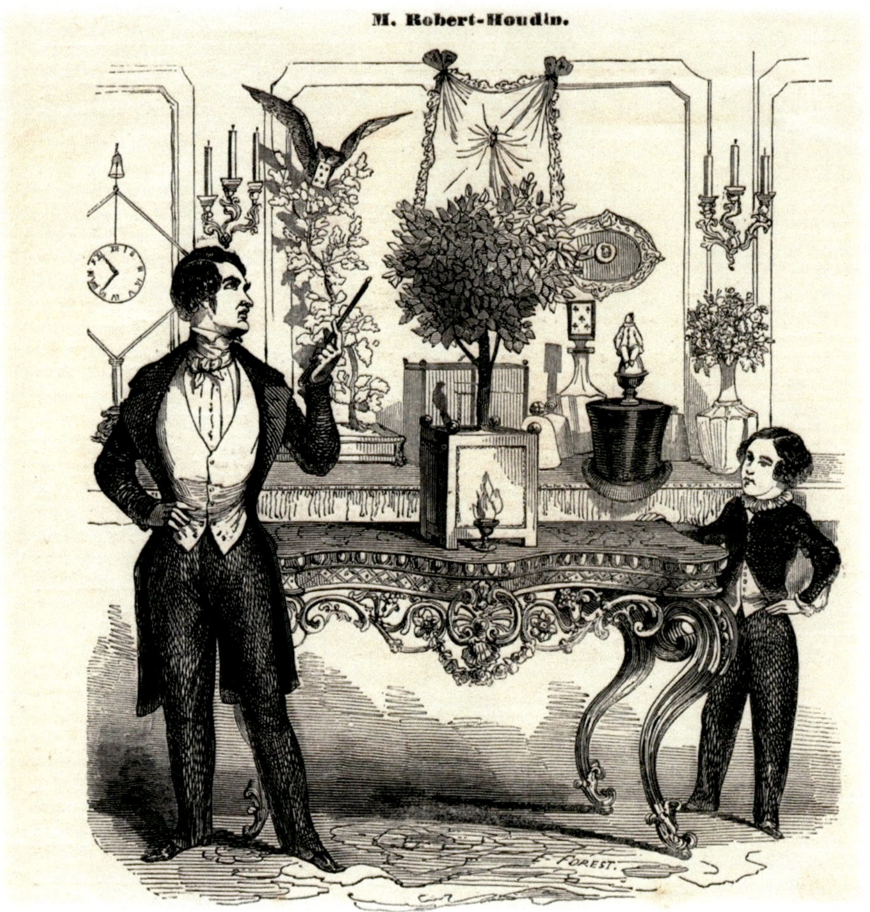

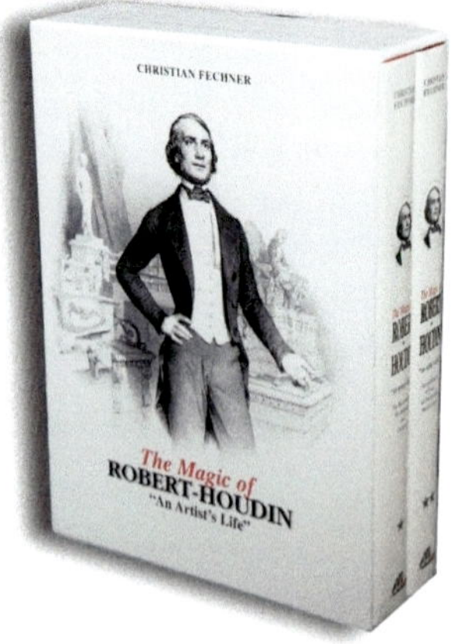

Robert-Houdin war gelernter Uhrmacher. Er verband sein handwerkliches Können häufig mit der Zauberkunst, wie in der hier abgebildeten Uhr zu sehen ist. Auf dem Uhrengehäuse sitzt ein chinesischer Taschenspieler, der das Becherspiel zu jeder vollen Uhrzeit vorführt.

Erst in der Mitte des 19. Jahrhundert entwickelte sich die Zauberkunst zu einer theatralen Form. Dies verdanken die Zauberkünstler zwei großartigen Vertretern ihrer Zunft. Beginnen wir mit dem Franzosen Jean Eugène Robert-Houdin (7.12.1805–13.6.1871), der 1845 zum ersten Mal in einem Saal in Paris eine große Vorstellung gab. Er nannte sie „ein fantastischer Abend" (Soiree fantastique). Er trat in einer Art Frack auf und zauberte, ohne sich dabei mystisch oder besonders geheimnisvoll zu zeigen. Er präsentiert nun auch völlig neue Kunststücke wie z. B. das Schweben eines kleinen Jungen (sein Sohn).

Der Vater der modernen Zauberkunst

Ursprünglich hatte Robert-Houdin das Handwerk eines Uhrmachers erlernt. Sein Wissen um Technik hat er in viele Zaubergeräte einfließen lassen. Er hat Uhren – damals noch mit Zahnrädern – gebaut, die mit Zauberkunststücken kombiniert waren. Auf einem großen Uhrengehäuse befindet sich die Figur eines Taschenspielers mit den drei Bechern vor sich. Zu jeder vollen Stunde hebt und senkt sich ein Arm der Figur

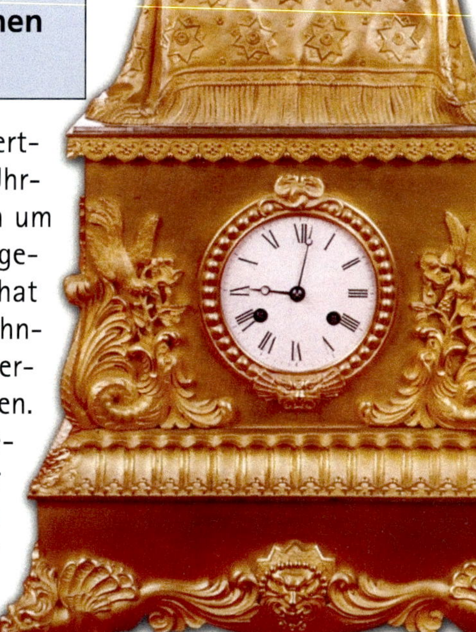

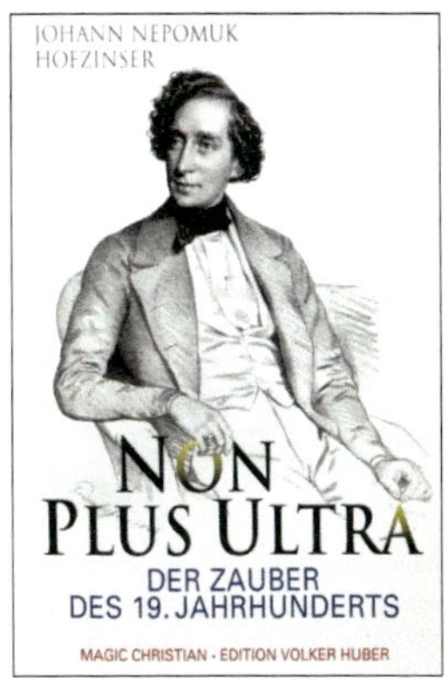

Dem österreichischen Zauberkünstler Magic Christian ist es vor allem zu verdanken, dass wir heute noch über das Leben und Wirken von Johann Nepomuk Hofzinser so ausführlich Bescheid wissen. Magic Christian hat über ihn drei umfangreiche Bücher herausgegeben.

mit einem Becher, unter dem ein Ball erscheint und wieder verschwindet.

Robert-Houdin galt Jahrzehnte lang als der Vater der modernen Zauberkunst. Vor einigen Jahren ist ein umfangreiches, vierbändiges Werk über ihn erschienen. In Paris gibt es auch eine Straße, die nach Robert-Houdin benannt worden ist.

Der zaubernde Beamte Hofzinser

Fast gleichzeitig zu Robert-Houdin entwickelte in Wien, Österreich, ein Beamter der damaligen könig-kaiserlichen Regierung seine „Stunden der Täuschungen": Johann Nepomuk Hofzinser (19.6.1806 – 11.3. 1875). Hofzinser organisierte in großen, herrschaftlichen Wohnungen Abendvorstellungen und lud Damen und Herren der Wiener Gesellschaft zu seinen poetischen Zaubervorstellungen ein. Hofzinsers besonderes Interesse galt Kunststücken mit Spielkarten. Hier hat er viele neue Effekte geschaffen, die auch heute noch von vielen Zauberkünstlern auf der ganzen Welt vorgeführt werden.

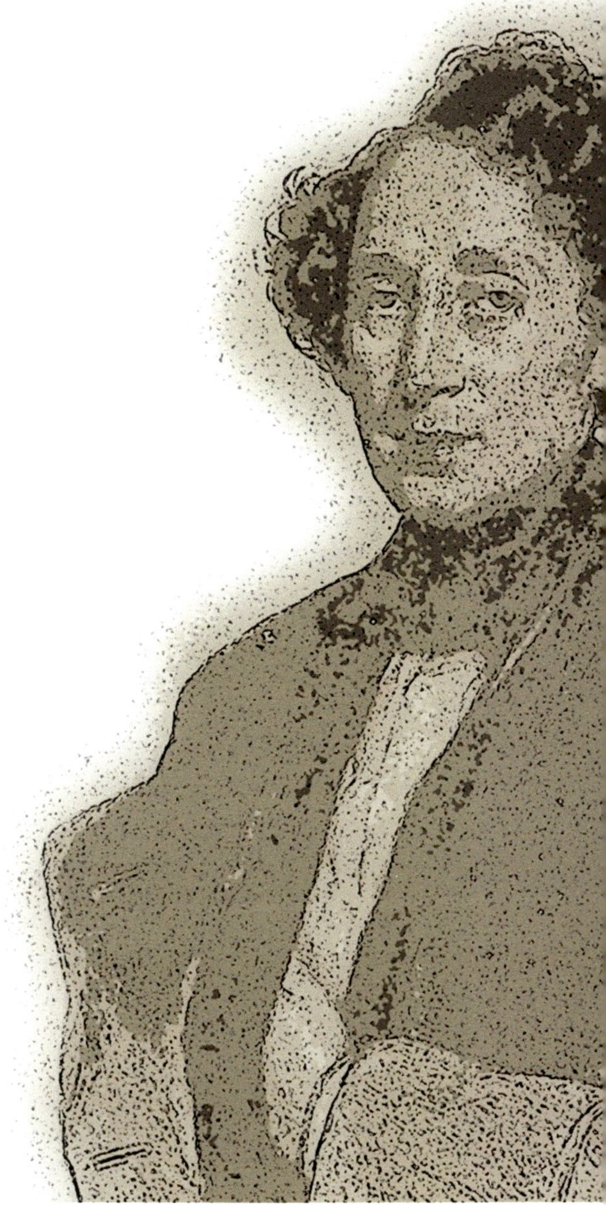

Johann Nepomuk Hofzinser

Bereits 1945 erschien über seine Zauberkunst ein Buch, das auch ins Englische übersetzt worden ist. Vor einigen Jahren hat der österreichische Kollege Magic Christian begonnen, das Leben und die Zauberkunst des Hofzinsers in drei aufwendigen Bänden zu veröffentlichen.

In Wien trägt heute eine Straße den Namen Hofzinser.

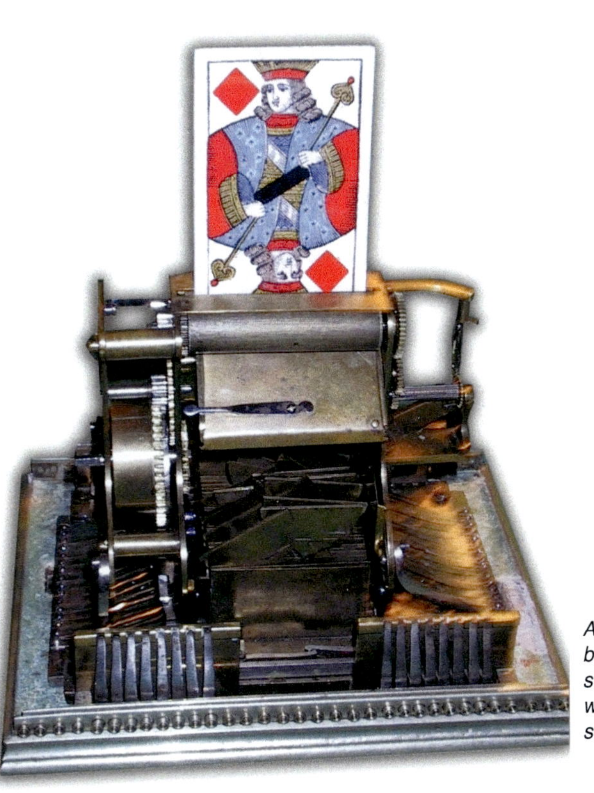

Auch Hofzinser baute mechanische Kunststücke, wie diesen Kartensteiger

Vom Frack zu Jeans

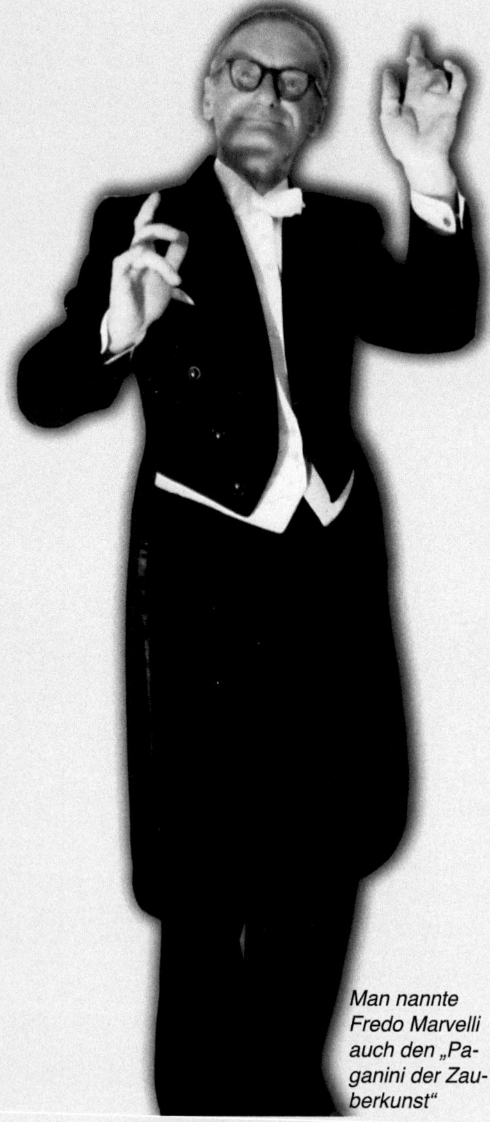

Man nannte Fredo Marvelli auch den „Paganini der Zauberkunst“

Im 20. Jahrhundert entwickelte sich zunehmend eine Zauberszene, die immer populärer und auch künstlerisch wurde. In Deutschland trägt der Name Fredo Marvelli (4.5.1903–6.5.1971) dazu bei. Er trat in den 1950er Jahren in Konzertsälen auf, in denen oftmals nur klassische Musik dargeboten wurde. Marvelli verzichtete auf große Apparate und Kisten. Er knüpfte an Hofzinser an, von dem er durch den Kollegen Ottokar Fischer viel erfahren hatte. Marvelli unterteilte sein Programm in mehrere Szenen und setzte somit Maßstäbe für eine völlig neue Form der Zauberkunst: das theatrale Zaubern. Als sich Marvelli Mitte der 1950er als wohlhabender Mann von der Bühne verabschiedete, kam ein weiterer, deutscher Kollege auf die große Spielfläche der Bühnen, der ganz andere Wege ging: Kalanag, der eigentlich Helmut Schreiber hieß und ursprünglich beim Film beschäftigt war (23.1.1903–24.12.1963). Bereits nach dem 2. Weltkrieg baute Kalanag eine große Zauberschau mit Kästen und Kisten und mit einem Showballett auf. Kalanag reiste mit dieser großen Show durch Europa und bis nach Amerika.

Fredo Marvelli ist der Begründer einer neuen Stilbewegung in der Zauberkunst: Mit Abendprogrammen in Theatersälen zeigte er, dass die Zauberkunst ein intelligentes, poetisches und theatrales Gebiet ist. Mit wenig technischem Aufwand setzte er sich bewusst von den großen Zauberrevuen ab, die aus Amerika herüberkamen und an die in Deutschland besonders Helmut Schreiber, alias Kalanag anknüpfte.

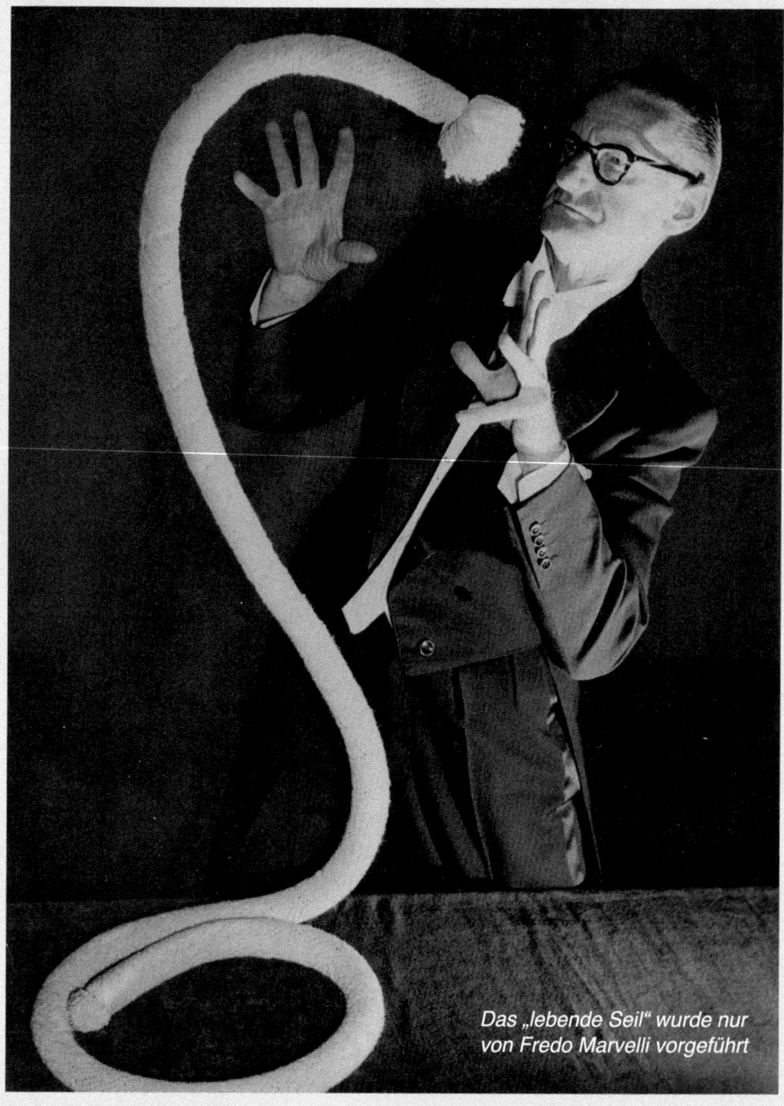

Das „lebende Seil“ wurde nur von Fredo Marvelli vorgeführt

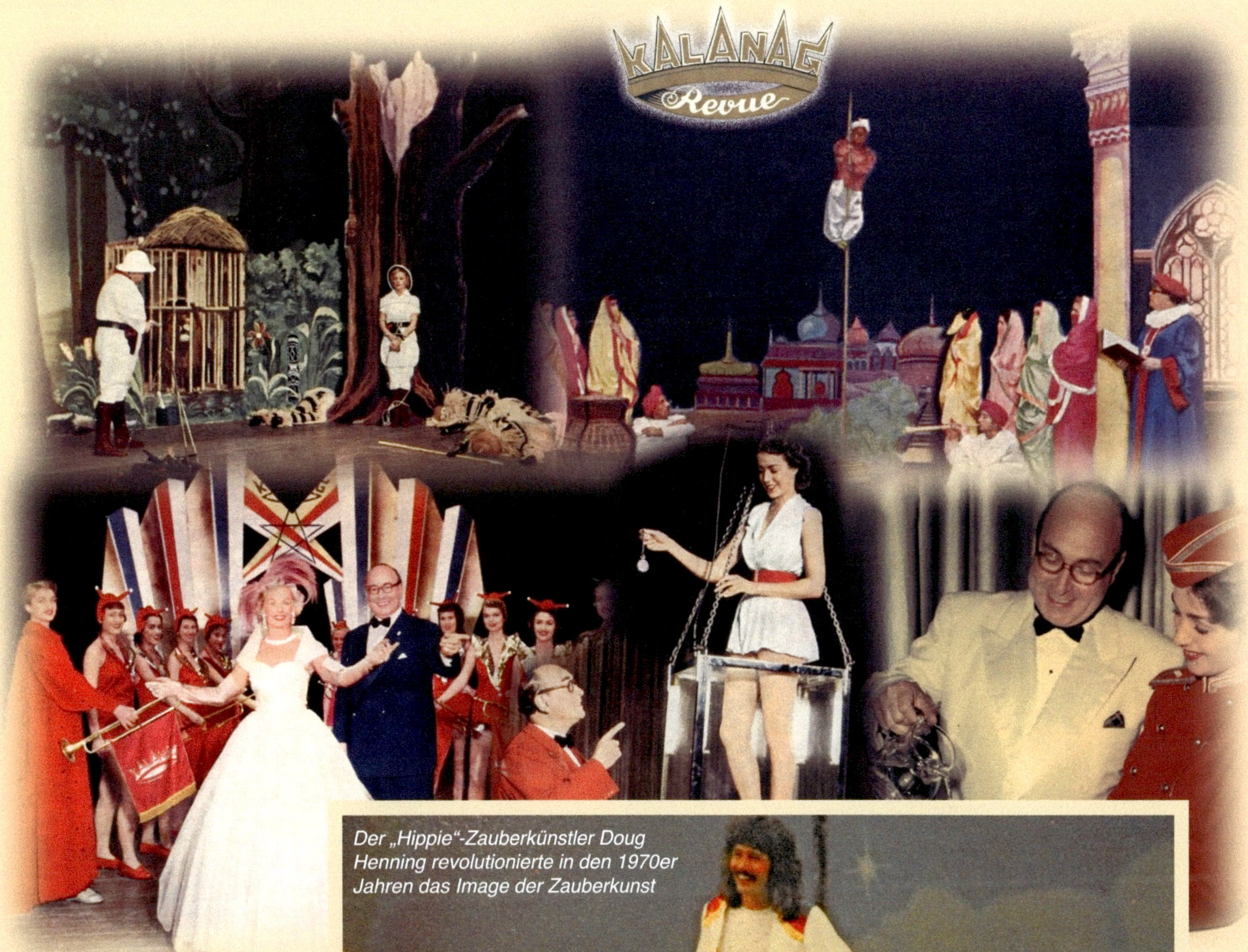

Kalanag präsentierte seine zauberhafte Revue „Sim Sala Bim“

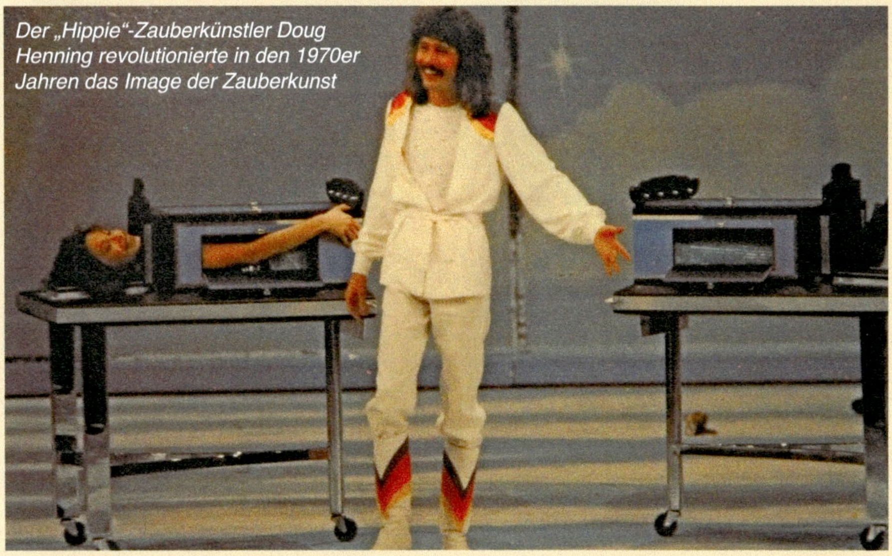

Der „Hippie“-Zauberkünstler Doug Henning revolutionierte in den 1970er Jahren das Image der Zauberkunst

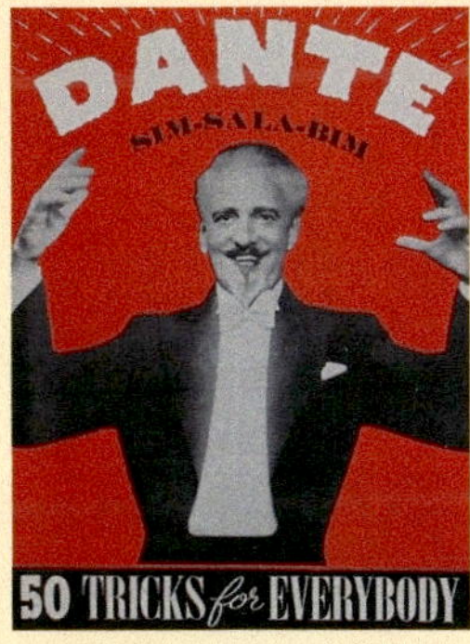

Der in Dänemark geborene Zauberkünstler Henry Jensen kam Anfang des 20. Jahrhunderts in die USA und nannte sich Dante. Schon bald erfand der den Zauberspruch „Sim-Sala-Bim“, den Kalanag später übernahm.

Durch Kalanag wurde in Deutschland das Zauberwort „Sim-Sala-Bim“ bekannt, das er von dem amerikanischen Zauberkünstler Dante übernommen hatte. Dante war ebenfalls ein berühmter Zauberkünstler (3.10. 1883–16.6.1955), der mit einer großen Show reiste.

In Amerika vollzog sich in den 1970er Jahren ein weiterer, wichtiger Wandel in der Entwicklung der Zauberkunst. Der kanadische Zauberkünstler Doug Henning (3.5.1947 – 7.2.200) brachte mit Fernsehsendungen und einer großen Show am berühmten Broadway in New York eine neue Dimension in die Zauberkunst: Er trat als „Hippie“ auf. Henning gilt als der Erneuerer der Zauberkunst, die dadurch auch einen David Copperfield (*16.9.1956) hervorbringen konnte.

Die schwebende Dame

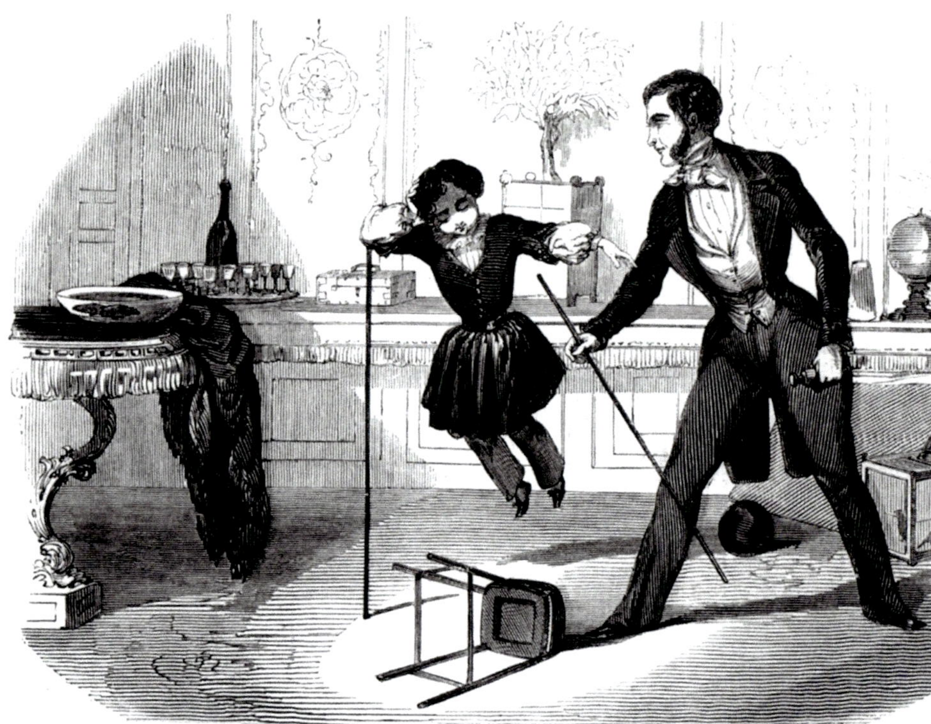

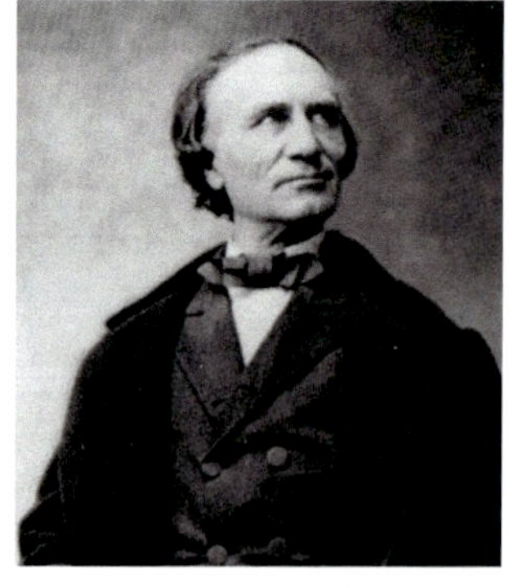

Der große französische Zauberkünstler Jean Eugène Robert-Houdin ließ 1847 zum ersten Mal in der Geschichte eine Person schweben.

Wer erfand die schwebende Dame?

Zu Beginn der Zauberkunst bestanden die Effekte in erster Linie aus drei wesentlichen Prinzipien: Dinge erscheinen, Dinge verschwinden und Dinge verwandeln sich. Wobei das dritte Prinzip eine besondere Anwendung des Verschwindens und Erscheinens ist.

Der französische Zauberkünstler Jean Eugène Robert-Houdin erfand 1847 ein völlig neues Prinzip: Das Schweben. In einer seiner Vorstellungen stellte er seinen kleinen Sohn zwischen zwei Stangen, auf die sich der Sohn stützte. Nach einer zauberhaften Beschwörung entfernte Robert-Houdin eine der Stangen und zur allgemeinen Verblüffung blieb der Sohn an der anderen „schwebend" in der Luft. Nun hob Robert-

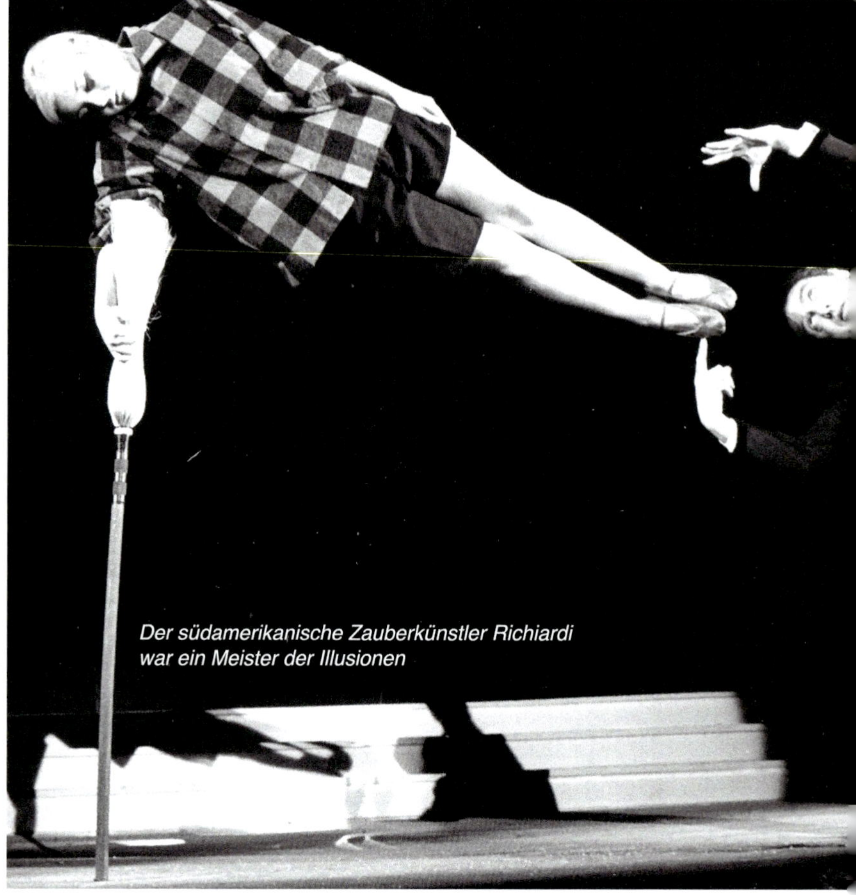

Der südamerikanische Zauberkünstler Richiardi war ein Meister der Illusionen

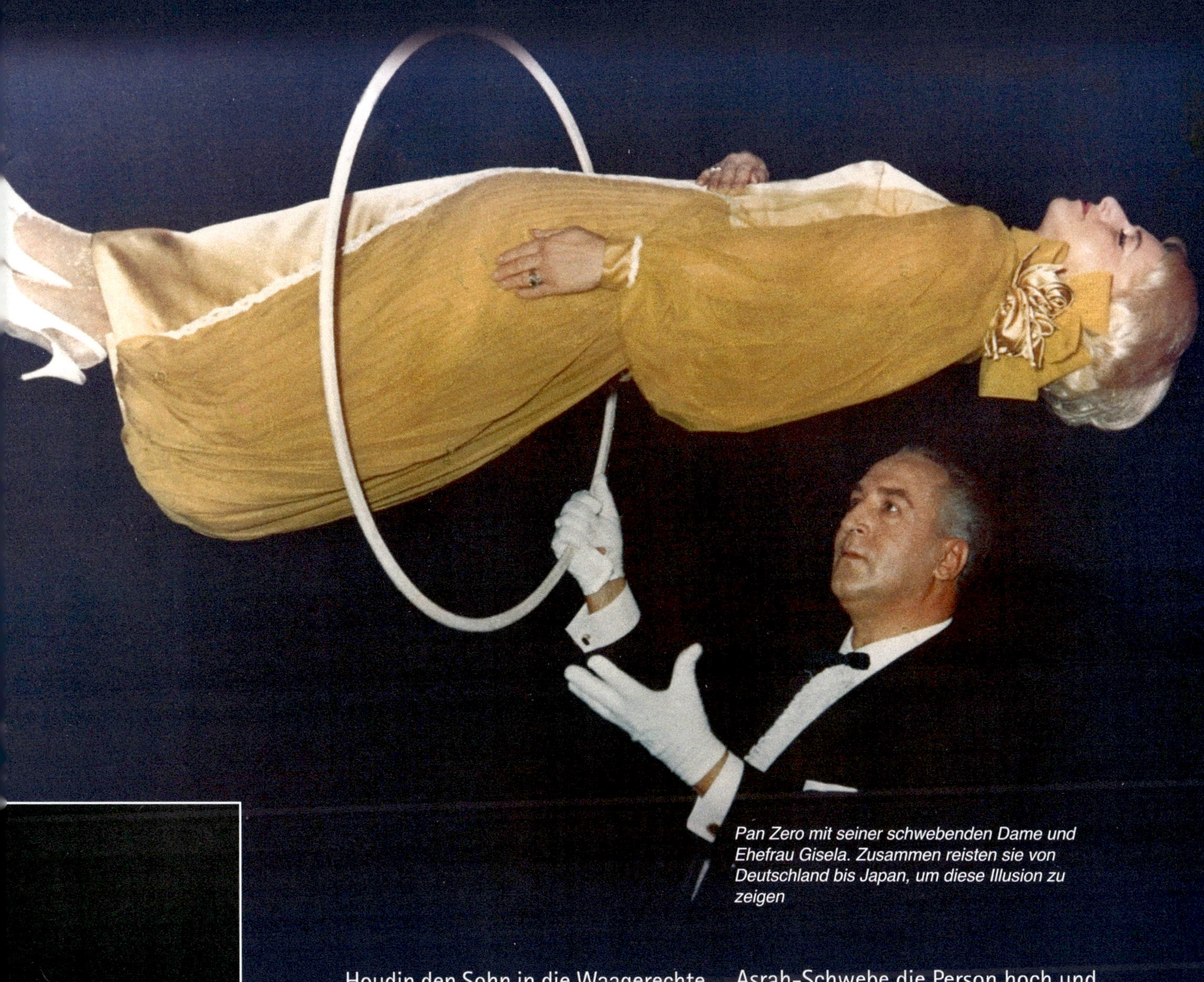

Pan Zero mit seiner schwebenden Dame und Ehefrau Gisela. Zusammen reisten sie von Deutschland bis Japan, um diese Illusion zu zeigen

Houdin den Sohn in die Waagerechte und ließ ihn anschließend los. Aber auch in dieser Position verharrte der Sohn. Er schwebte im Raum, lediglich auf eine Stange gestützt. Dieser völlig neuartige Effekt revolutionierte die Zauberkunst. Rasch verfeinerten Zauberkünstler die Methode immer mehr.

Um 1902 erfand der deutsche Albert Winkler eine Version, bei der die Person ohne sichtbare Unterstützung frei in der Luft schwebte. Er nannte diese Kunststück „Aga". Kurz darauf entwickelte der belgische Zauberkünstler „Servais Le Roy" eine weitere Version, die er nun als „Asrah" bezeichnete. Im Gegensatz zur Aga-Schwebe konnte sich bei der Asrah-Schwebe die Person hoch und runter bewegen. Die Bedeutung des Wortes Asrah ist nicht eindeutig. Vieles spricht dafür, dass es von dem Namen des Engels „Azrael" abgeleitet worden ist. Azrael trennt in der hebräischen und islamischen Tradition die Seele im Moment des Todes vom Körper.

Bis heute haben Zauberkünstler diesen wunderschönen Effekt variiert und perfektioniert. Der deutsche Zauberkünstler Kalanag (1903–1963) wandte mehrere Methoden an, um seine Assistentin und Ehefrau Gloria in der Luft schweben zu lassen. Sie hob und senkte sich nicht nur, sondern sie konnte sich obendrein auch nach vorn in Richtung Zuschauer bewegen. Zum Schluss verschwand die schwebende Dame hoch über dem Bühnenboden in der Luft.

In den 1970er Jahren trat der deutsche Pan Zero mit seiner schwebenden Dame weltweit auf. Jahrelang zeigte er nur dieses eine Kunststück zusammen mit seiner Ehefrau Gisela. Auch er ließ seine Assistentin zunächst nach oben und nach unten schweben und anschließend in Richtung Zuschauer.

Dieser Schwebeeffekt – man spricht hier auch von einer Groß-Illusion – ist stets an eine Bühne gebunden, auf der man die besonderen Vorrichtungen zum Schweben instal-

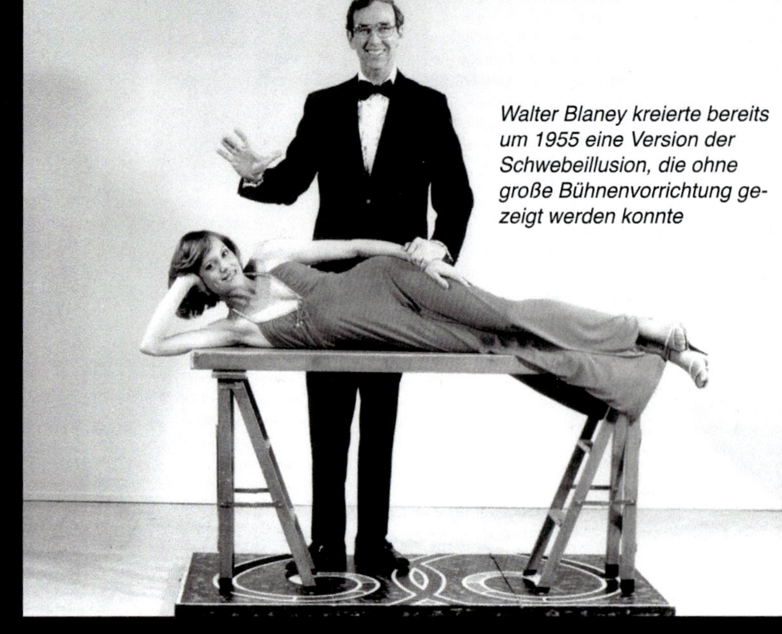

Walter Blaney kreierte bereits um 1955 eine Version der Schwebeillusion, die ohne große Bühnenvorrichtung gezeigt werden konnte

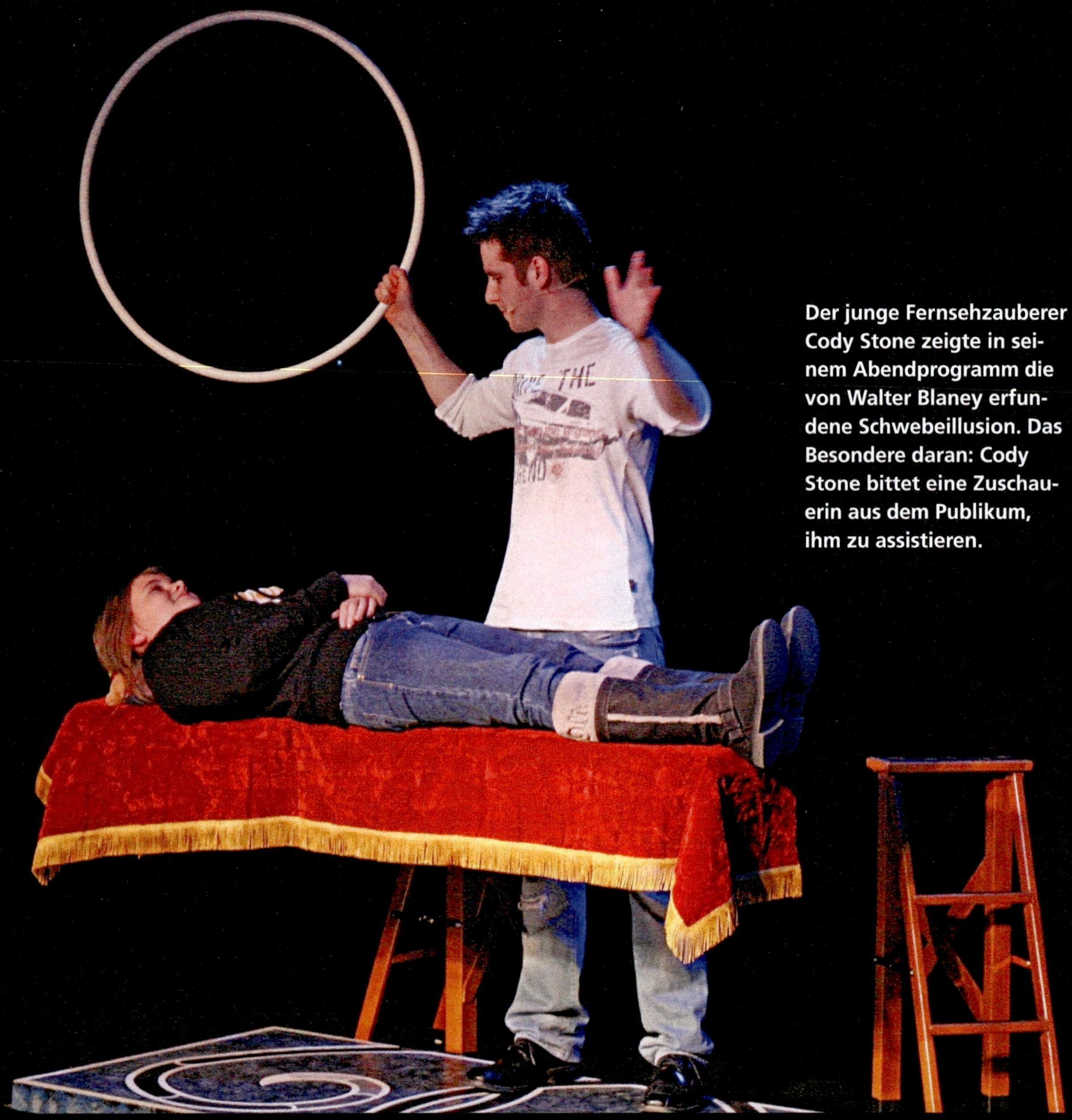

Der junge Fernsehzauberer Cody Stone zeigte in seinem Abendprogramm die von Walter Blaney erfundene Schwebeillusion. Das Besondere daran: Cody Stone bittet eine Zuschauerin aus dem Publikum, ihm zu assistieren.

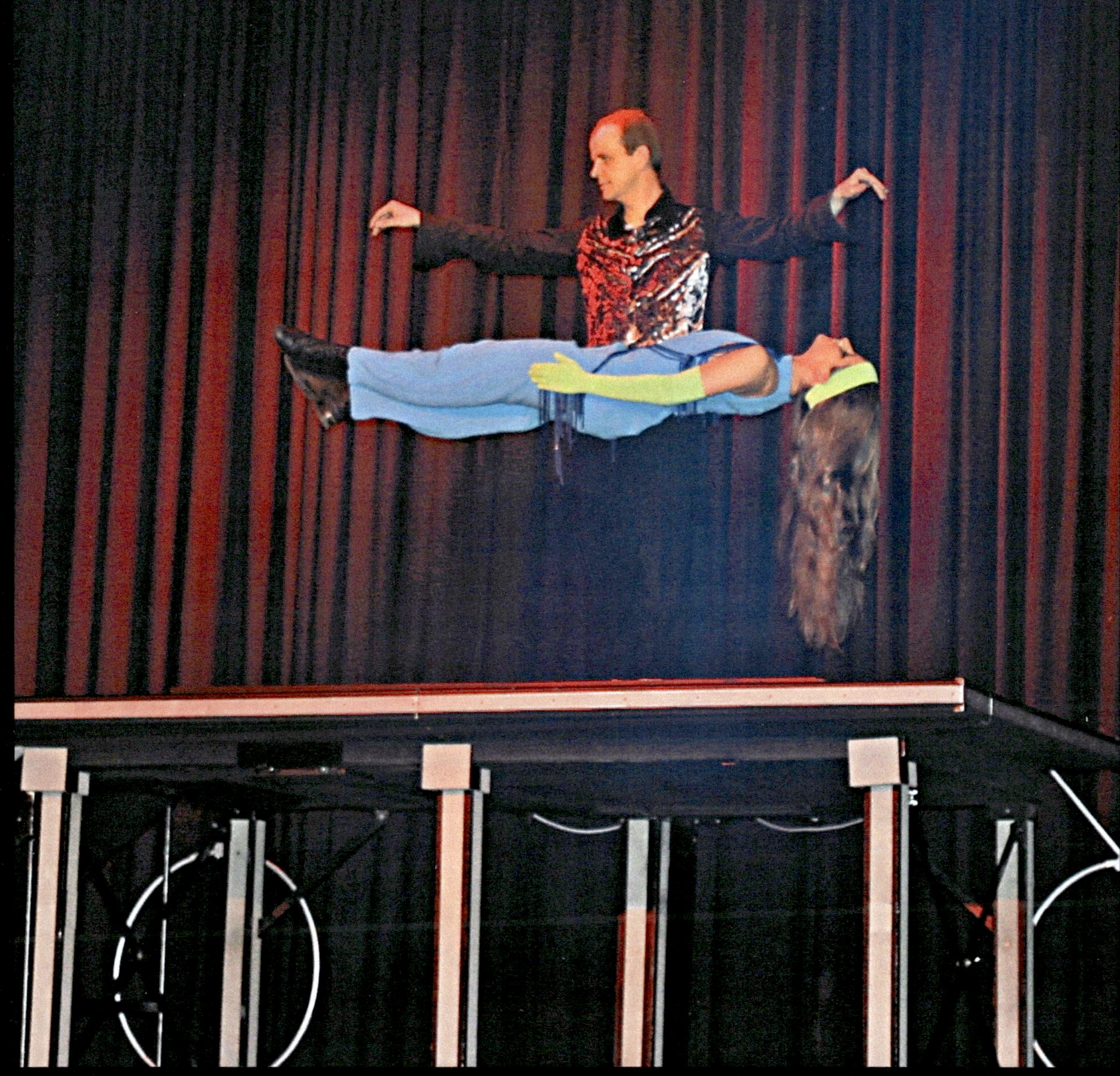

Der Stuttgarter Zauberkünstler Topas präsentiert seine schwebende Dame hoch oben auf einem Podest, das auf der Bühne steht.

lieren kann. Später haben Zauberkünstler versucht, diese Illusion auch ohne besondere Bühnenbegebenheiten vorzuführen.

Der deutsche Pan Zero entwickelte Anfang 1980 eine Schwebe-Illusion, die er auch mitten im Publikum vorführen konnte.

In Amerika erfand Walter Zaney eine Version, bei der eine Person in einem hell erleuchteten Raum auf einer Unterlage liegend schweben konnte.

Die Krönung dieser außergewöhnlichen Illusion zeigte der amerikanische Zauberkünstler David Copperfield erstmals 1993 in seinem Fernseh-Special. Scheinbar schwerelos schwebte er über die Bühne, gleich einem Vogel. Zusammen mit dem Erfinder John Gaughan entstand diese bis heute eindrucksvollste Schwebeillusion, bei der man nicht mehr von der schwebenden Person spricht, sondern schlicht vom „Fliegen" (Flying), siehe Seite 19.

Die zersägte Dame

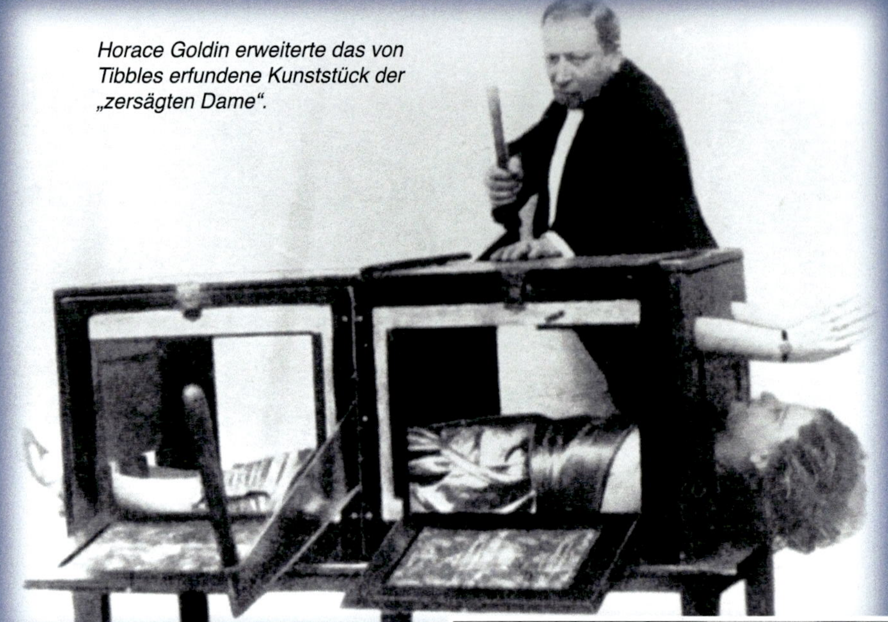

Horace Goldin erweiterte das von Tibbles erfundene Kunststück der „zersägten Dame".

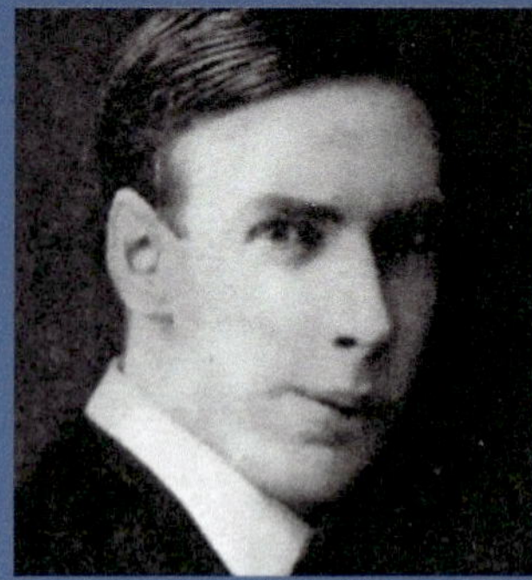

Percy Thomas Tibbles, genannt P. T. Selbit zeigte 1921 zum ersten Mal das Zersägen einer Person.

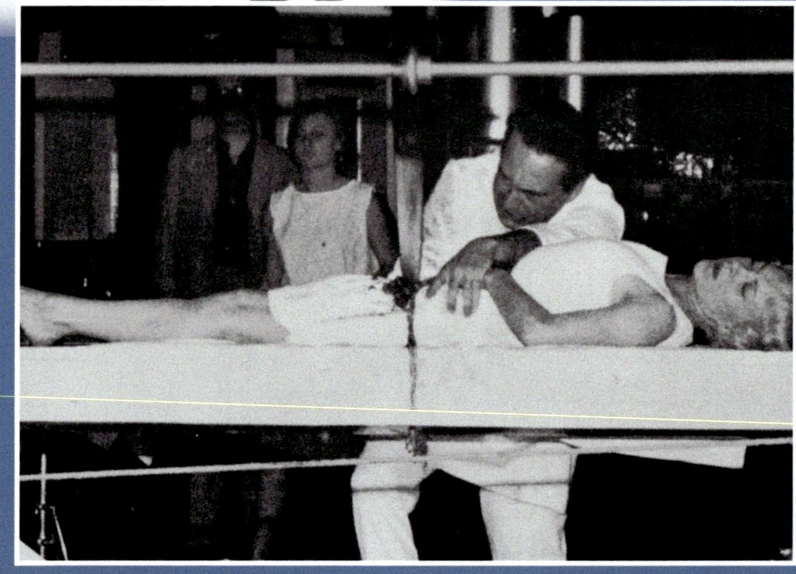

Einer Gans den Kopf abzutrennen, hatte bereits vor rund 5000 Jahren der Zauberer Dedi gezeigt, wie wir am Anfang des Buches erfahren haben. Aber erst im Jahre 1921 hatte der englische Zauberkünstler Percy Tibbles die Idee, solch einen Effekt auch mit einem Menschen durchzuführen. Percy Thomas Tibbles (1881–1938) nannte sich auf der Bühne P. T. Selbit, Tibbles rückwärts gesprochen.

Selbit brachte eine Kiste auf die Bühne, die einem Sarg ähnelte. Eine junge Dame legte sich in diese Kiste und wurde darin am Hals und an den Füßen gefesselt. Dann wurde die Kiste geschlossen. Selbit nahm eine große Handsäge und begann, die Kiste in der Mitte zu durchsägen. Für die Zuschauer

Richiardi zeigte das Zersägen besonders realistisch: An der Stelle, an der die Säge die Dame zerteilte, trat in großen Mengen Blut hervor. Dieses (Tierblut) brachte Richiardi heimlich an das Sägeblatt

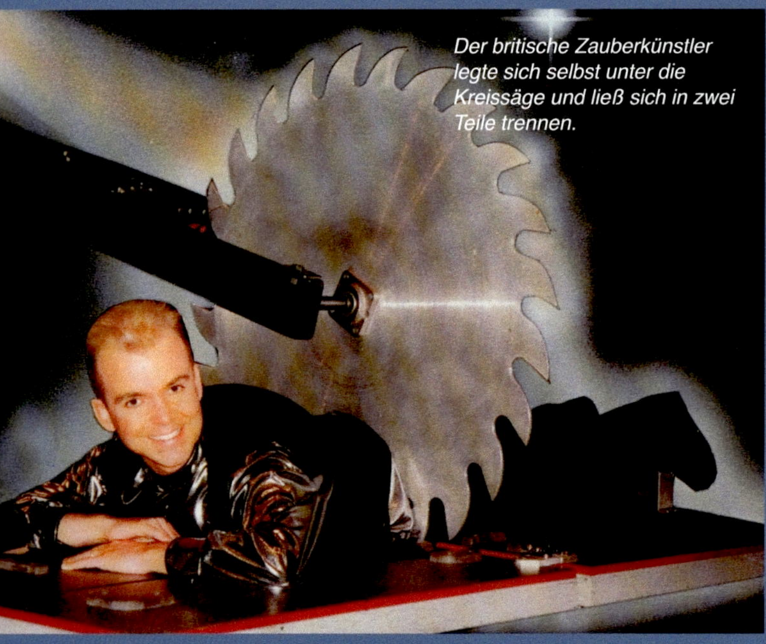

Der britische Zauberkünstler legte sich selbst unter die Kreissäge und ließ sich in zwei Teile trennen.

Der amerikanische Zauberkünstler Mark Wilson zeigte das Zersägen einer Dame mit einer Modell-Eisenbahn. Seine Assistentin wurde in die Lok mit angehängtem Tender gesperrt und dann in zwei Teile „zersägt". Anschließend schob Mark Wilson die Lok und den Tender auf den Schienen auseinander. Die Trennung war erfolgt: Aus der Lok schauten Kopf und Hände, aus dem Tender sah man die Füße herausragen.

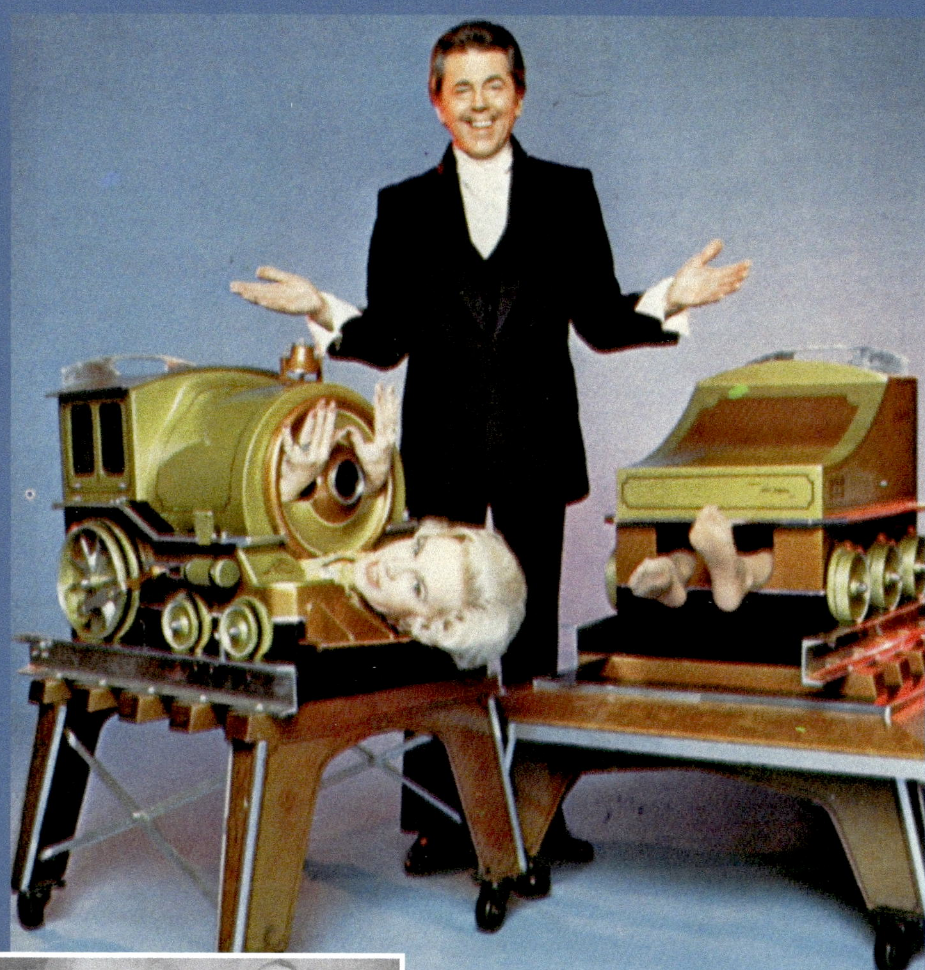

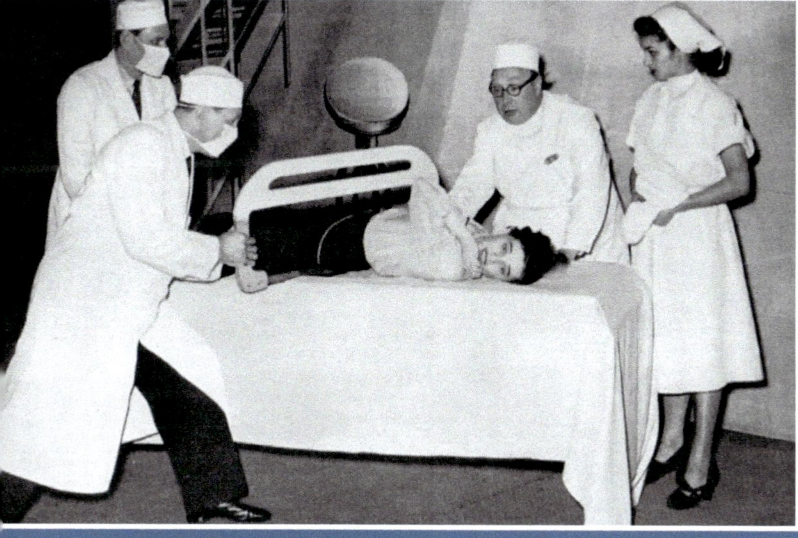

Der deutsche Zauberkünstler Kalanag zersägte seine Assistentin in einem „Operationssaal"

entstand die Illusion, als ob die Frau, die gerade knapp in der Kiste Platz hatte und obendrein gefesselt war, in der Mitte zersägt worden sei. Zum Schluss wurde die Kiste wieder geöffnet. Die Frau war nach wie vor am Hals und an den Füßen gefesselt, aber sie war unversehrt.

Der Erfolg dieses Kunststückes war enorm. Selbit wurde damit sehr berühmt. Aber es kamen auch schon bald Kopisten auf die Bildfläche, die die Illusion nicht nur nachmachten, sondern sie auch verbesserten. So auch der Zauberkünstler Horace Goldin (1873-1939). Er konstruierte eine Kiste, aus deren Enden der Kopf und die Füße der Dame zu jeder Zeit zu sehen waren. Dies erhöhte natürlich den Effekt erheblich. Nach einiger Zeit ersetzte Goldin auch die Handsäge durch eine große Kreissäge.

Das Zersägen einer Person wurde im Laufe der Zeit stets weiterentwickelt. Die Kisten wurden immer kleiner und unauffälliger, bis sie schließlich komplett verschwanden. Das heißt, die Person wird ohne jede Abdeckung in zwei Teile zersägt.

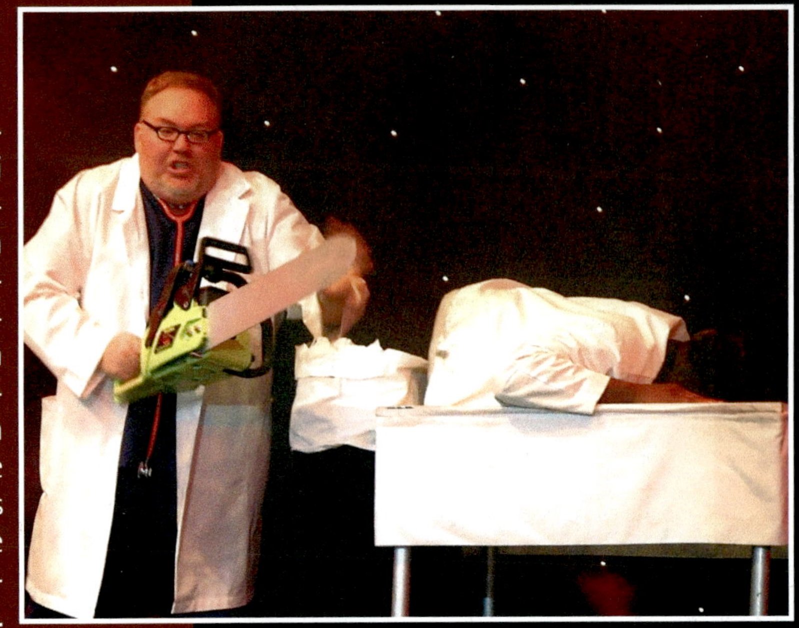

Manche Zauberkünstler haben sich bei der Vorführung zu diesem spektakulären Kunststück zu besonders dramatisch gestalteten Szenen hinreißen lassen. Der Zauberer Richiardi, von dem schon die Rede war, zeigte diese Illusion besonders aufwendig. Er zersägte seine Assistentin ebenfalls mit einer Kreissäge. Nachdem das große Sägeblatt zur Hälfte im Körper der Frau steckte, stoppte er das Zersägen. Nun bat er die Zuschauer der ersten Reihen im Theatersaal auf die Bühne, damit sie sich von der zersägten Frau auch tatsächlich überzeugen konnten. Richiardi inszenierte diesen Teil äußerst realistisch. Dazu ließ er sogar Tierblut um die Säge herum verspritzen.

Auch der Zauberer Kalanag verlegte das Zersägen der Dame in einen Operationssaal, um diese Illusion besonders spektakulär wirken zu lassen.

Wesentlich freundlicher zeigte der amerikanische Zauberkünstler Mark Wilson dieses Kunststück. Seine „Kiste" hatte die Form einer Dampflok, in die sich die Assistentin legte. Bei den neuesten Versionen der „zersägten Dame" lassen sich die Zauberkünstler nun selbst zersägen, so wie es der britische Zauberkünstler Wayne Dobson zeigte.

Die realistischste Version zeigt jedoch zur Zeit der amerikanische Zauberkünstler Kevin James. Er zersägt mit einer Hand-Kettensäge eine Person, dessen Oberteil sich danach völlig eigenständig über die Bühne bewegt, ebenso das Unterteil.

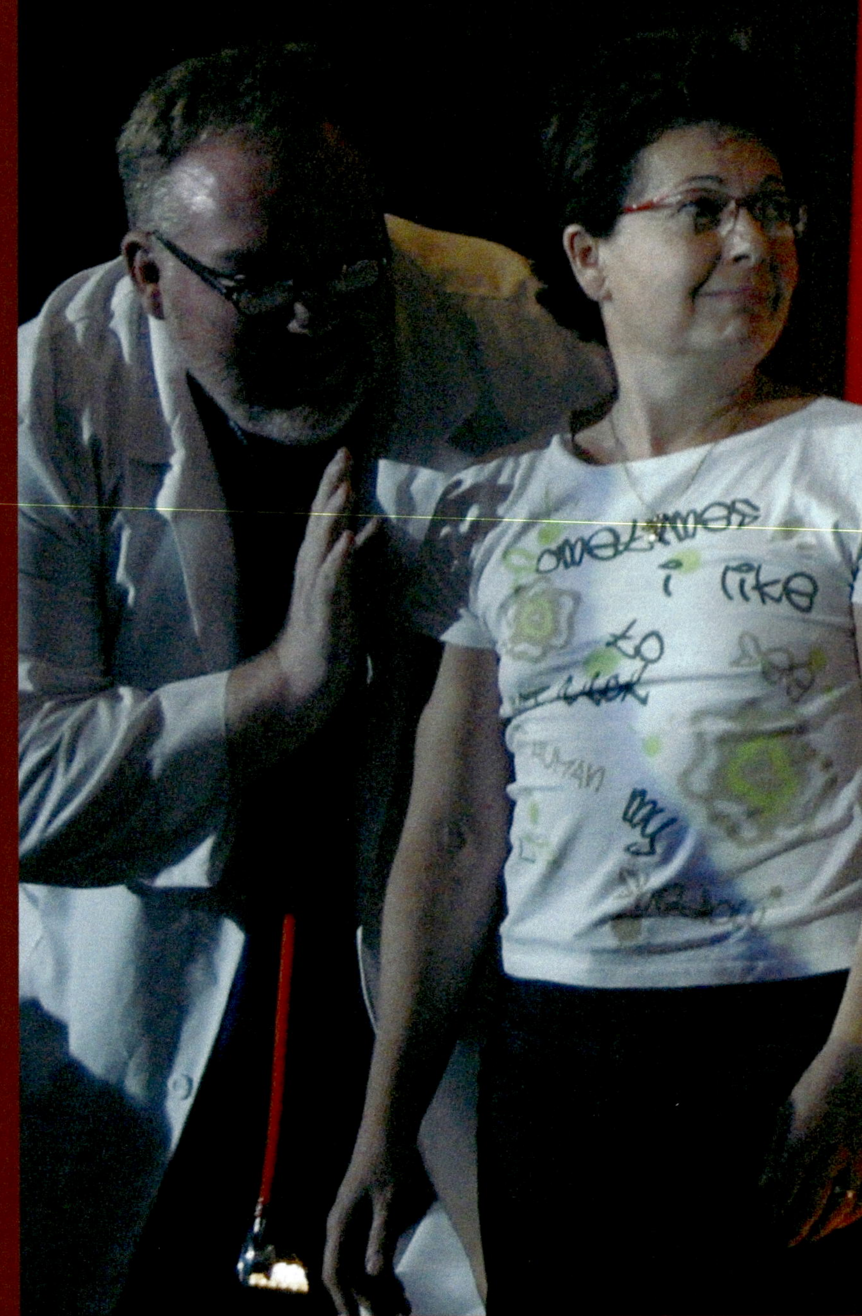

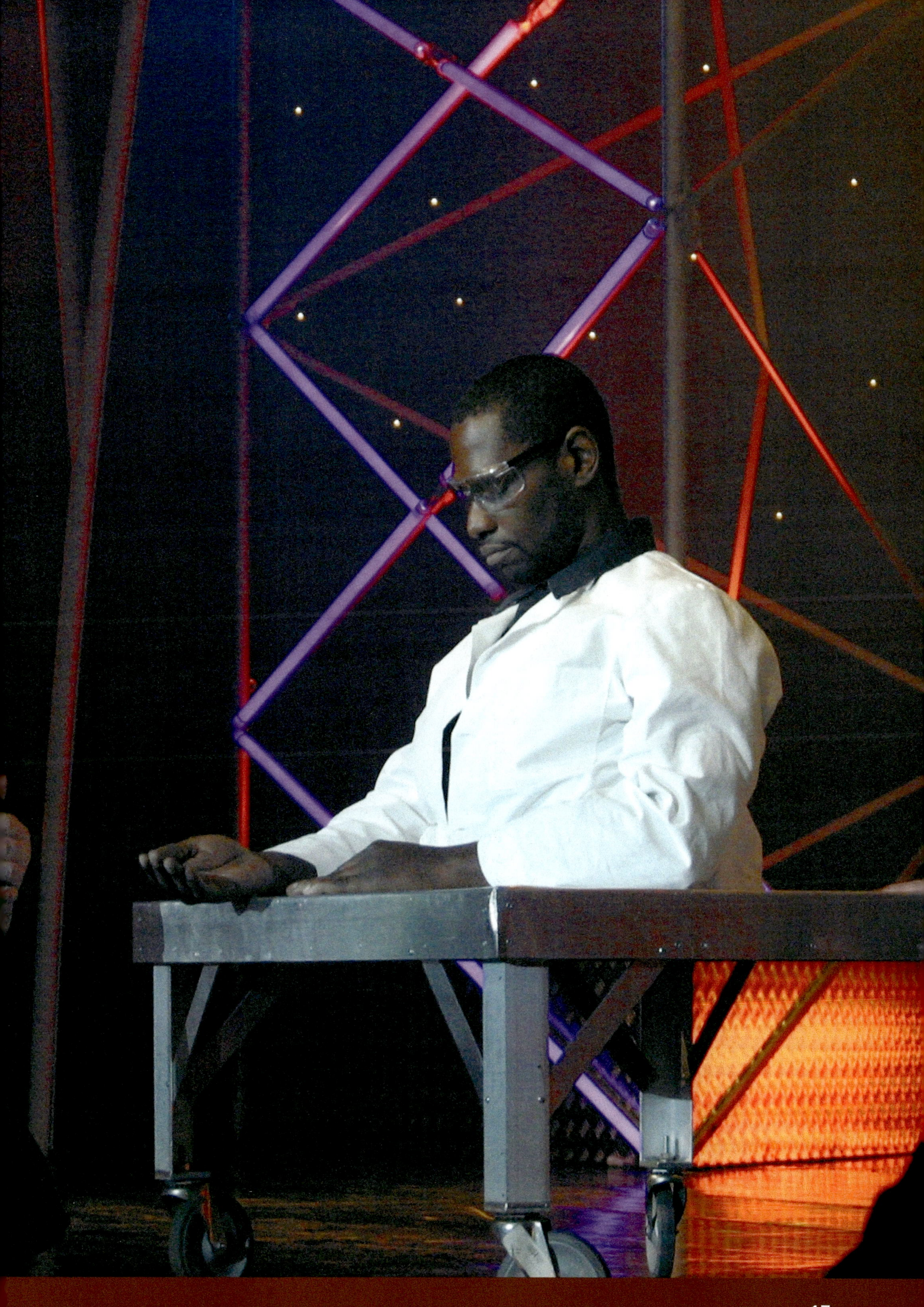

Zauberkunst im 20./21. Jahrhundert

Ist Zaubern eigentlich eine Kunst oder ist es ein Handwerk? Nun, das Zaubern gehört zweifelsfrei zur Darstellenden Kunst, vergleichbar dem Schauspiel, dem Tanz oder dem Gesang. Allerdings unterscheidet es sich von den vorgenannten Künsten in einem wesentlichen Punkt. Jeder kann nämlich recht schnell einen Trick zeigen und damit offensichtlich auch Erfolg haben.

Zaubern ist mehr als nur einen Trick zeigen

In keiner anderen Sparte der Darstellenden Kunst kann man so mühelos einen Erfolg erlangen. Schauspiel ist mehr, als Texte auswendig zu lernen. Tanz ist mehr, als aneinander gereihte Schrittfolgen auszuführen. Musik ist mehr, als die richtige Taste auf dem Klavier im richtigen Moment anzuschlagen.

So ist auch Zaubern viel mehr, als „nur einen Trick zu zeigen".

Der große norwegische Zauberkünstler Finn Jon sagte einmal treffend: „Jeder kann auf das Knöpfchen eines Fotoapparates drücken, jeder kann die Figuren auf dem Schachbrett hin- und herbewegen, aber es gehört noch viel mehr dazu, ein gutes Bild zu schießen oder eine gelungene Partie zu spielen."

Seit den 1970er Jahren haben Zauberkünstler immer häufiger ihre Tätigkeit hinterfragt. Zum einen bedienten sie sich des Mystischen, das ihren Darbietungen anhaftete, zum anderen wollten sie sich gerade davon trennen. In der Bezeichnung „Täuschungskünstler" sahen viele eine Alternative zu den bisherigen Benennungen: Sie definierten sich über ein Prinzip der Zauberkunst, die Täuschung, und verbanden dies gleichzeitig mit einem Begriff aus dem Bereich der Darstellenden Kunst.

Auch die Art der Präsentationen hat sich in den letzten Jahren erheblich gewandelt. Zaubern bestand viele Jahre lang aus dem bloßen Vorführen von Kunststücken. Man zeigte Wunder. Mit Schwerpunkt der Darbietung auf eben jenem Wunder. Etwas scheinbar Unmögliches hatte zu geschehen. Des Rätsels Lösung war die best gehütete. Jeder, der das Geheimnis um ein noch so winziges Zauberkunststück in der Öffentlichkeit preisgab, wurde von seinen Kollegen geächtet.

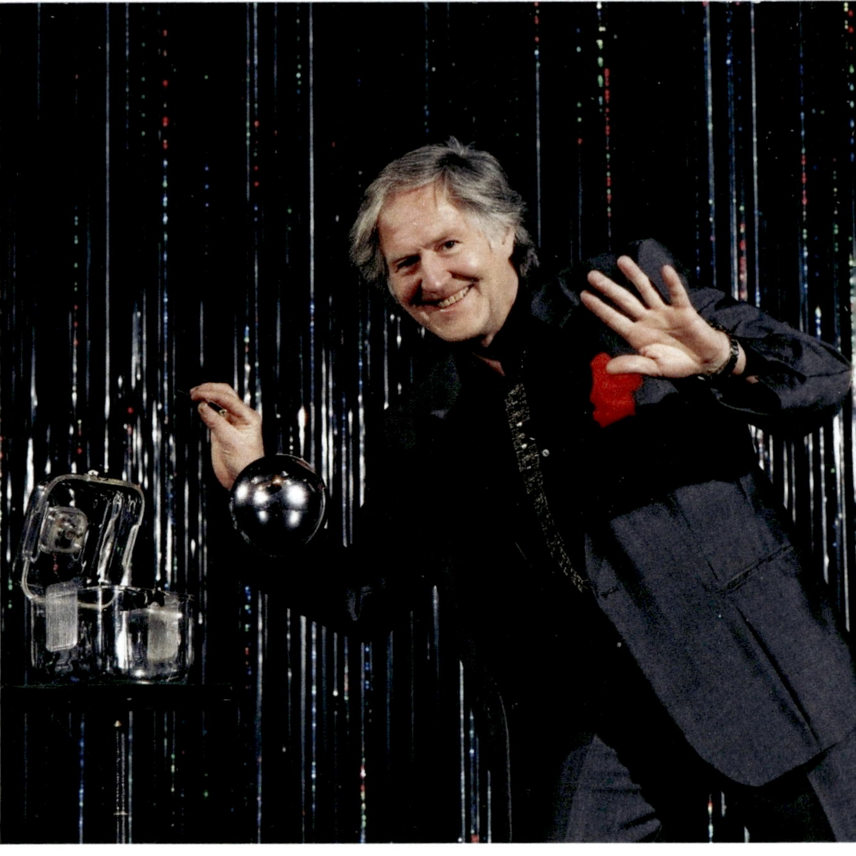

Der norwegische Zauberkünstler Finn Jon wurde mit der „schwebenden Kugel" berühmt

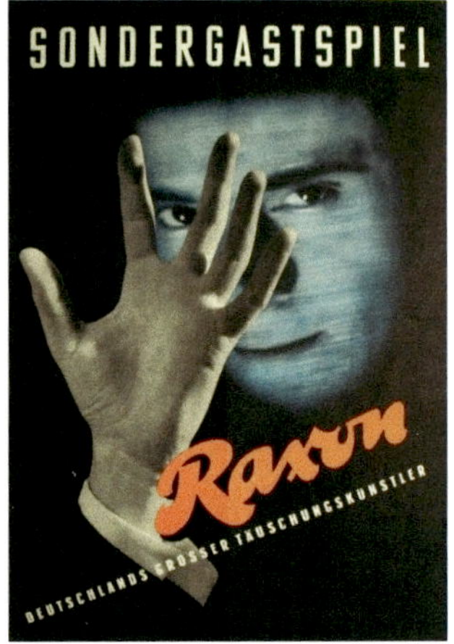

In den frühen 1950er Jahren bezeichnete sich der deutsche Zauberkünstler Raxon (1923–2008) als „Täuschungskünstler".

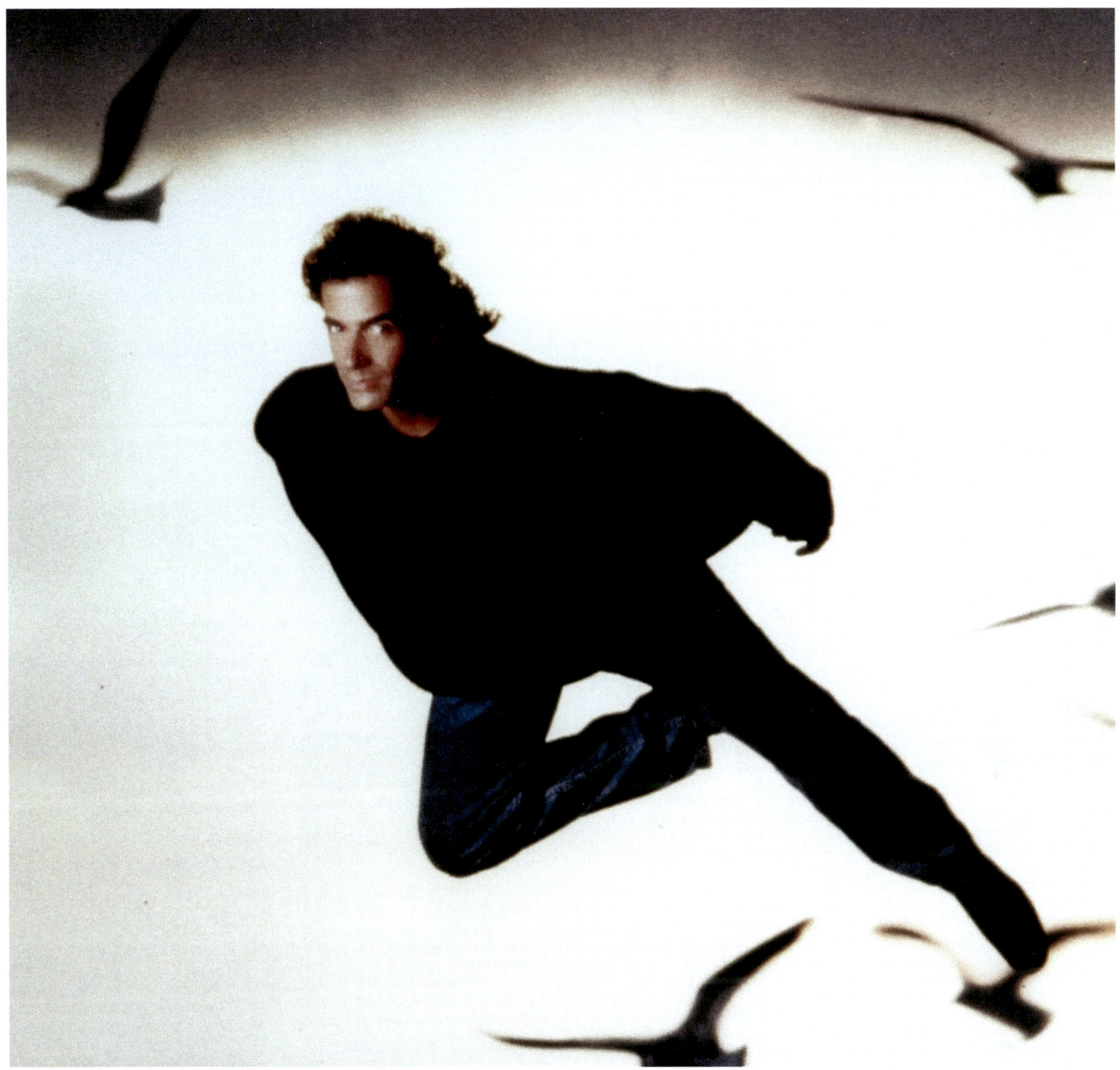

Der US-amerikanische Zauberkünstler David Copperfield wird häufig auch als Illusionist bezeichnet. Darunter versteht man, dass er außergewöhnliche Illusionen vorführt wie zum Beispiel das „Fliegen" auf hell erleuchteter Bühne. Damit hat er die „Schwebende Dame", die noch Kalanag vorgeführt hat, weit hinter sich gelassen.

Tolle „Zaubergeräte": Mikrowelle und Handy

Das Geheimnis um ein solches Kunststück hat heute zwar immer noch einen Reiz, aber dieser Reiz spielt nicht mehr die wichtigste Rolle. Konnte man vor 10 oder 20 Jahren die Zuschauer noch mit dem puren Vorführen eines Kunststückes verblüffen, reicht das heute längst nicht mehr. In eine Zeitung Wasser zu gießen, das dann zwischen den Seiten verschwindet und plötzlich wieder erscheint, mag zwar ein nett anzuschauendes Ereignis sein, besonders spannend ist es nicht. Die vielen technischen Errungenschaften der letzten 30 Jahre haben die Menschen in ihrer Wahrnehmung erheblich beeinflusst: Mikrowelle, Handy, CD, DVD, Internet und E-Mails haben dazu beigetragen, dass der Reiz von vermeintlichen Wundern immer geringer wird. Mehr und mehr haben wir uns daran gewöhnt, dass Unglaubliches geschieht bzw. geschehen kann.

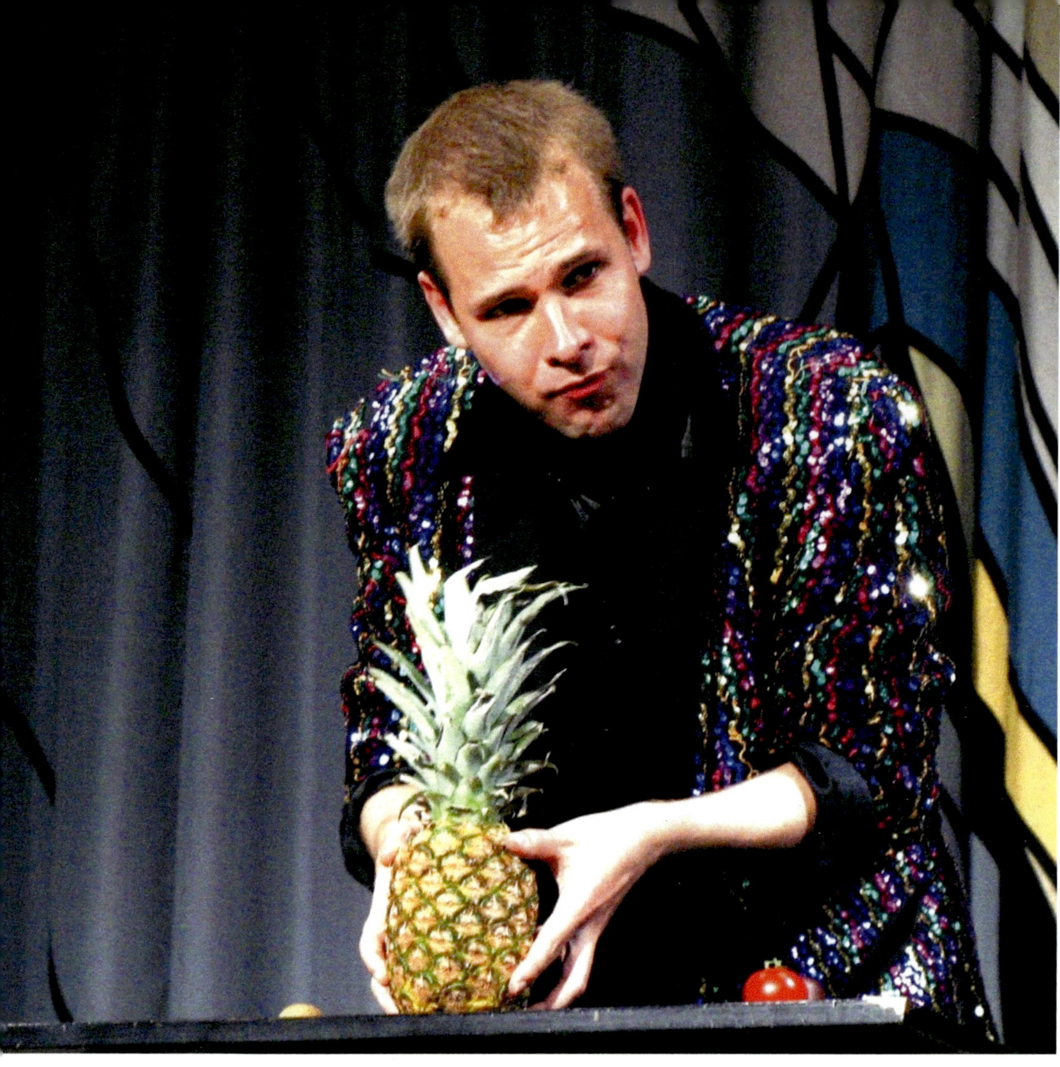

Der deutsche Zauberkünstler Helge Thun zaubert gern mit Alltagsgegenständen. In dieser Ananas-Frucht lässt er einen Geldschein wieder erscheinen, den er kurz zuvor hat verschwinden lassen

Beim Zaubern geht es nicht um die Sensation

Dass der Zauberkünstler eine Spielkarte ziehen und sie wieder in das Spielen mischen lässt, ist für den Betrachter grundsätzlich kein Wunder mehr, wenn der Zauberer die Karte später wiederfindet. Das erwartet der Betrachter sowieso.

Wenn es in der Zauberkunst hauptsächlich darum gehen sollte, etwas Besonderes, etwas Unglaubliches zu präsentieren, dann müsste man sich immer wieder auf die Suche nach etwas Einmaligem begeben, und die Sensation stünde im Vordergrund. Die Zauberkunst würde damit jedoch eines Tages in einer Sackgasse landen. Eine Person wird nicht einmal zersägt, sondern 5 mal. Ein Auto verschwindet, dann ein Flugzeug und dann ... ?

Der Zuschauer staunt, wenn das Auto verschwunden ist. Er staunt aber auch, wenn sich das Flugzeug in Luft aufgelöst hat. Er staunt jedoch beim Flugzeugtrick nicht mehr als beim Auto-Kunststück. Das Staunen ist nicht steigerungsfähig. Man staunt. Punkt. Man kann nicht einmal wenig staunen, ein anderes Mal mehr staunen. „Staunen ist der Ausgangspunkt aller Philosophie" wussten schon die alten Griechen zu formulieren.

Nur das Umfeld, in dem gestaunt wird, kann mich beeinflussen. Das Umfeld der Zauberkunst entsteht in der Inszenierung. Inszenierung bedeutet Theater.

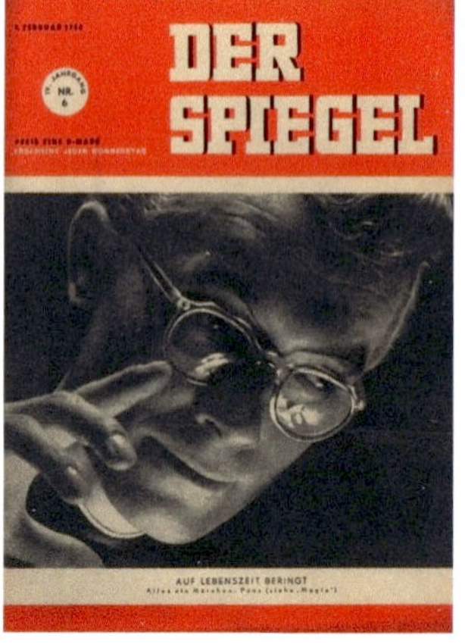

Punx 1907–1996, der Unfassliche, folgte in den 1950er und 60er Jahren der Tradition eines Fredo Marvellis, der hauptsächlich in Theatern mit abendfüllenden Vorstellungen auftrat. Allerdings ging Punx dabei noch einen Schritt weiter in Richtung Theater: Er teilte sein Programm in vier Akte ein. In jedem spielte Punx einen anderen Charakter und zeigte dazu entsprechende Zauberkunststücke. 1950 berichtete darüber sogar das Wochenmagazin „Der Spiegel".

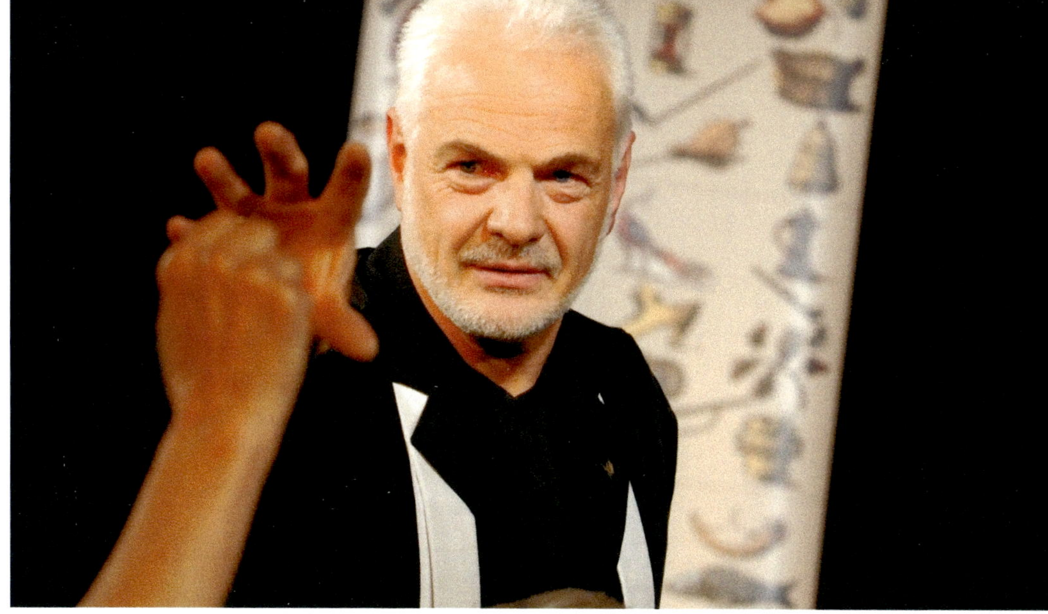

Häufig wird beim Zaubern der Zuschauer aktiv mit in das Geschehen einbezogen, wie hier Wittus Witt in seinem Stück „Halbe Wahrheit–Ganzes Vergnügen" zeigt

In den 1960er bis 1980er Jahren spielte der Kölner Zauberkünstler Alexander Adrion (*1923) seine „Kammerspiele des Schein". Oft wurde er von der Presse als der „Philosoph der Zauberkunst" bezeichnet, weil sich seine Programme durch anspruchsvolle und intellektuelle Texte besonders auszeichneten. Von Adrion ist auch eine Reihe von wunderschönen Zauberbüchern erschienen.

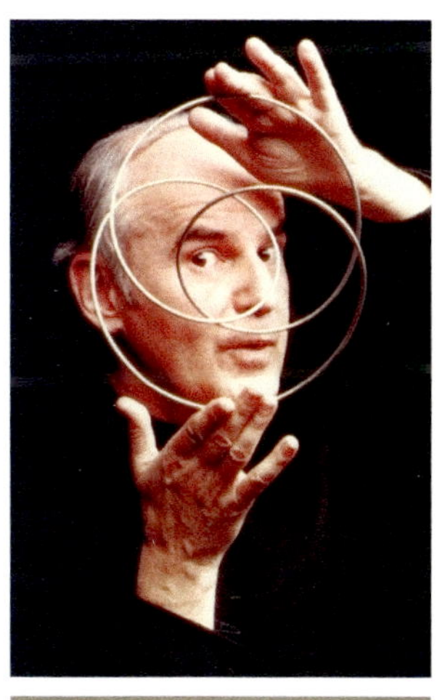

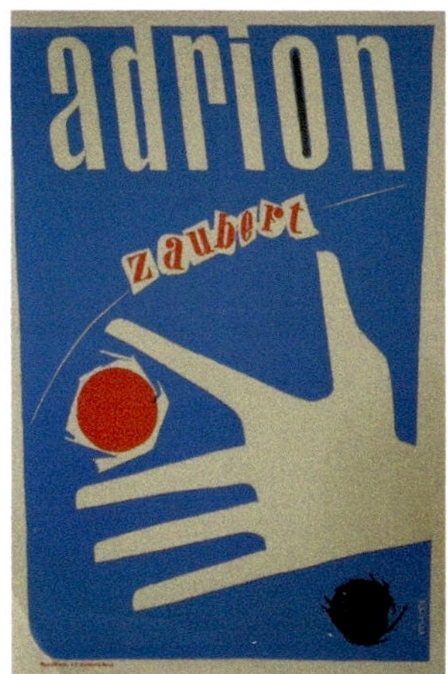

Zaubern bedeutet, mit Zuschauern kommunizieren

Atmosphäre gehört zu den wesentlichen Kriterien der Zauberkunst. Die Atmosphäre wird aber nicht durch den Zauberkünstler allein geschaffen, sondern entsteht hauptsächlich durch das Spiel mit den Zuschauern. Durch die Kommunikation. Sie ist das Kriterium, welches die Zauberkunst ausmacht. Der Zauberkünstler kommuniziert mit seinen Zuschauern. Dies ist zwingend notwendig, da die Illusion nur in den Köpfen der Zuschauer stattfinden kann. Die Kunst des Zauberns besteht somit in der Kunst des Kommunizierens. Wer diese beherrscht, wird sein Publikum erfolgreich verzaubern können.

Der Zauberkünstler spielt mit der Realität. Er erzählt unmögliche Geschichten, die er mit möglichen Mitteln verwirklicht. Zu den unmöglichen Geschichten gehören die realen Erscheinungen, die dem Betrachter die Illusion vermitteln, dass Unmögliches tatsächlich möglich ist.

Jedes Zauberkunststück lässt sich logisch erklären. Es ist logisch, dass die tatsächlich zerrissene Zeitung nicht wieder hergestellt, sondern gegen ein unversehrtes Blatt ausgetauscht wird. Dem Betrachter muss aber diese Logik genommen werden, sonst würde für ihn nicht die Illusion entstehen, dass genau jene, soeben zerrissene Zeitung wieder hergestellt worden sei. Der Zuschauer darf nicht auf den Gedanken kommen, es könnten zwei Zeitungsexemplare im Spiel sein, auch wenn das natürlich völlig logisch ist.

Zaubern ist die Kunst, Illusionen entstehen zu lassen, die hauptsächlich durch Kommunikation mit dem Betrachter zustande kommen.

In gewisser Weise ist der Zauberer dem Schauspieler sehr ähnlich. Auch er kreiert Illusionen, versetzt seine Zuschauer in Staunen und erzeugt unterschiedliche Gefühle. Hinzu kommen Techniken, die auch der Zauberer beherrschen muss wie der Schauspieler: Bewegung, Sprache, Ausdruck etc. Nur in einem unterscheiden sich Zauberer und Schauspieler: Der Zauberer bindet den Zuschauer viel häufiger aktiv in das Geschehen mit ein. Er darf häufig mit auf die Bühne, was bei einer traditionellen Theateraufführung völlig unmöglich ist.

Frauen in der Zauberkunst

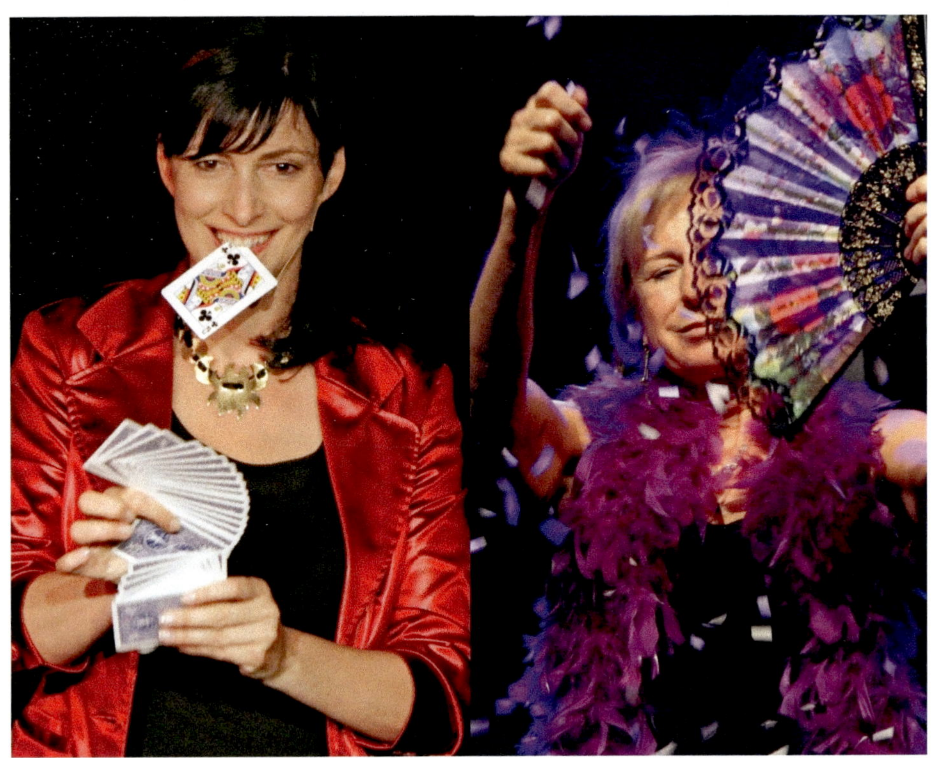

Spricht man über die Zauberkunst, stehen fast immer nur Männer im Mittelpunkt. Von den vielen Zauberkünstlerinnen, die es auch gibt, wird nur selten erzählt. Warum es jedoch im Verhältnis so viel weniger Frauen sind, die sich mit der Zauberkunst beschäftigen, als sich Männer dafür interessieren, bleibt im Bereich der Spekulation. Auffallend ist aber, dass es auch im Spielebereich in erster Linie Männer sind, die Spiele erfinden bzw. erfunden haben.

Michelle Spillner

Die gelernte Journalistin fand 1993 durch ihren Job zur Zauberkunst, als sie eine Reportage über einen Zauberkongress anfertigen sollte. Ihr haben einige der Zauberkünstler so gut gefallen, dass sie sich selbst darum bemüht hat, mehr zu erfahren und sich auch selbst darin zu üben. Inzwischen hat Michelle Spillner die feste Anstellung an einer Zeitung aufgegeben und zaubert hauptberuflich. Dies tut sie mit viel Ironie und Freude. Sie ist eine ausgezeichnete Zauberin, die sich gern auf die Finger schauen lässt und auf der Bühne in verschiedene Rollen schlüpfen mag. Ihr erstes Theaterprogramm nannte Michelle Spillner: Alles Lüge – echt wahr. Ein Titel, dem man das journalistische Sprachgefühl entnehmen kann.

Margot Litten

Auch Margot hat über ihren Hauptberuf als Journalistin zur Zauberkunst gefunden.

1976 schickte sie der Bayerische Rundfunk zu dem Weltkongress der Zauberkünstler nach Wien. Anschließend wurde sie von zwei Zauberern in München zu einem Treffen eingeladen. Weitere sollte folgen. Inzwischen hat Margot Litten schon zwei Programme erarbeitet. Das aktuelle nennt sie „Wunder gibt es immer wieder". Darin erzählt sie von den kleinen Wundern, die das Leben schreibt: Beim Aufräumen ihres Bücherregals fällt aus einem Buch das Foto eines ehemaligen Freundes heraus. Wie durch ein Wunder sitzt dieser Freund am Abend der Vorstellung im Publikum. Das Wiedersehen wird zauberhaft.

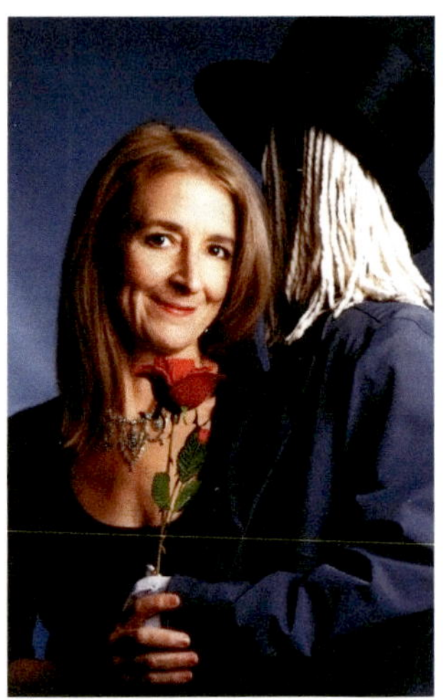

Tina Lenart gehört in den USA zu den bekanntesten Zauberkünstlerinnen. Mit ihrer Darbietung als Putzfrau, die sich zauberhaft verwandelt, war sie auch schon häufig im deutschen Fernsehen zu bewundern. Tina Lenart ist mit dem amerikanischen Zauberkünstler Mike Caveney verheiratet.

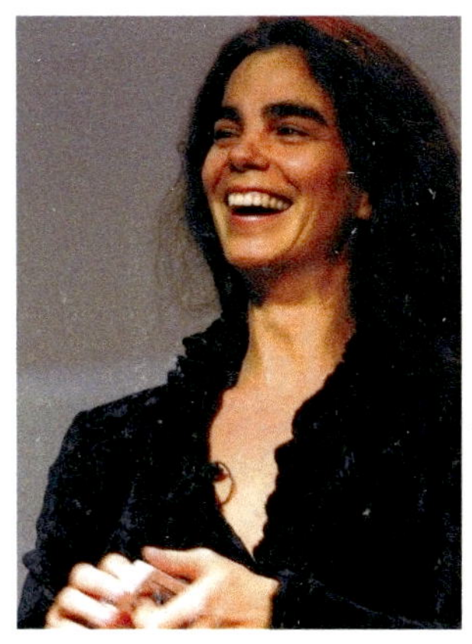

Eine Ausnahmeerscheinung unter den zaubernden Frauen ist die amerikanische Belinda Sinclaire. Sie verbindet Theater, Pantomime, Straßenkunst und Film in ihren Programmen. Mit ihrem Solo „Phenomena" gastierte sie mehrere Wochen in einem Off-Broadway-Theater in New York.

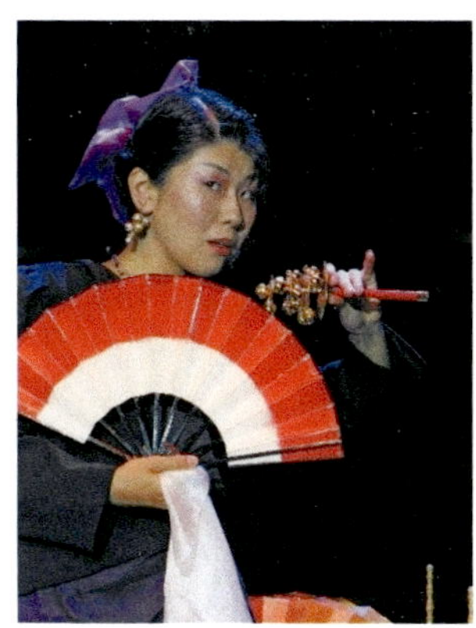

Durch einen Zauberklub auf der Universität in Japan fand Keiko Muto zur Zauberkunst. Sie verwendet Fächer, Schmuck und Schirme, die erscheinen und verschwinden.

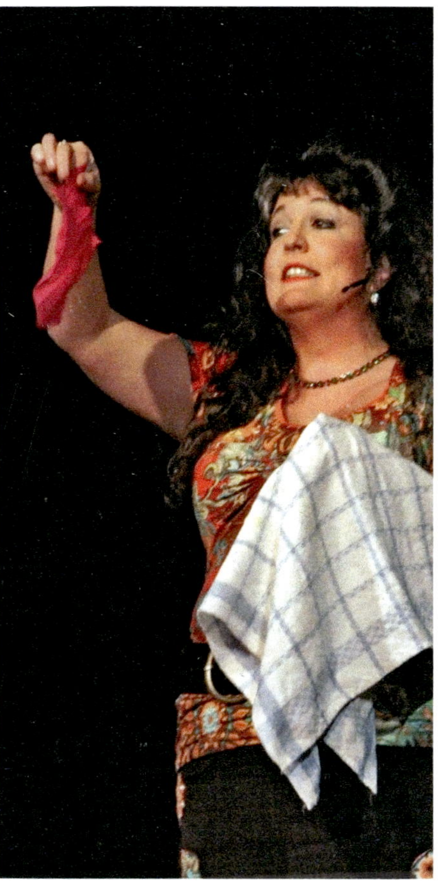

Astrid Gloria

Astrid Gloria war bereits als Kind von der Zauberkunst fasziniert. Den Zauberkasten, den der Bruder zu Weihnachten geschenkt bekam, hat sie heimlich entführt und begonnen, das Zaubern zu erlernen. Nach dem Abitur hat sie jedoch zunächst Germanistik, Geschichte und Journalistik studiert.

Aber um 1990 hat sie sich schließlich als Zauberkünstlerin und Kabarettistin selbstständig gemacht.

Astrid Gloria hat im Laufe der letzten Jahre schon mehrere Programme gespielt. Da sie gerne kocht, hat sie diese Leidenschaft mit ihren letzten beiden Shows kombiniert. Das aktuelle Programm nennt Astrid Gloria „Liebe, Lust & Leidenschaft", das Programm davor trug den Titel Zauber-Kräuter-Kochshow.

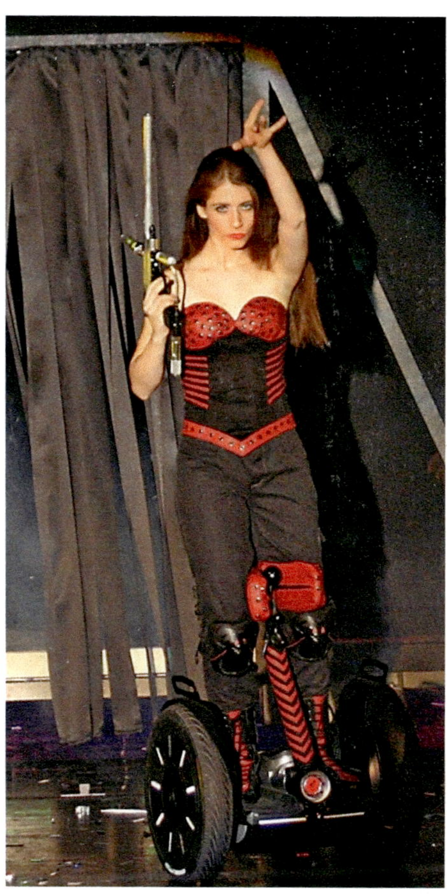

Roxanne

Roxanne hat sich ebenfalls schon als kleines Mädchen für die Zauberei interessiert. Seit Ende der 1990er Jahre hat sie auf Zauberkongressen etliche Preise mit ihrer Darbietung als „Spinnenfrau" gewonnen. Zum Schluss dieser Darbietung gerät sie selbst in ein riesengroßes Spinnennetz und wird von „magischen" Kräften herumgeschleudert.

Seit etwa 2000 tritt sie häufig mit ihrem Partner und Ehemann Topas auf, dem sie assistiert, aber auch eigene Szenen spielt.

So durchdringt sie zum Beispiel mit einem Segway fahrend eine riesengroße Glasplatte. In einer weiteren Szene zeigt sie eine seltene Verwandlungskunst mit ihren langen Haaren und schlüpft dabei in die Rollen verschiedener Prominenter.

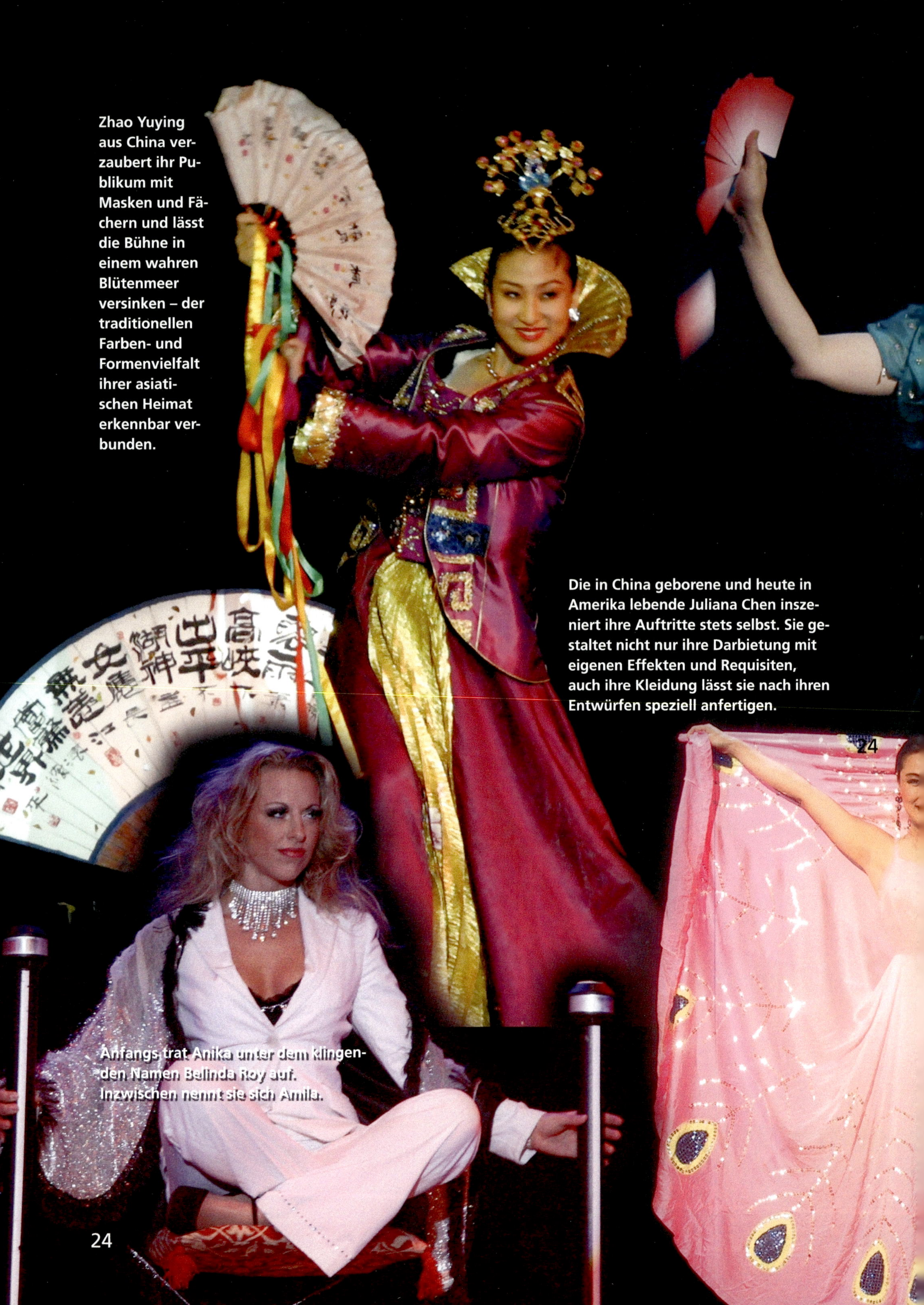

Zhao Yuying aus China verzaubert ihr Publikum mit Masken und Fächern und lässt die Bühne in einem wahren Blütenmeer versinken – der traditionellen Farben- und Formenvielfalt ihrer asiatischen Heimat erkennbar verbunden.

Die in China geborene und heute in Amerika lebende Juliana Chen inszeniert ihre Auftritte stets selbst. Sie gestaltet nicht nur ihre Darbietung mit eigenen Effekten und Requisiten, auch ihre Kleidung lässt sie nach ihren Entwürfen speziell anfertigen.

Anfangs trat Anika unter dem klingenden Namen Belinda Roy auf. Inzwischen nennt sie sich Amila.

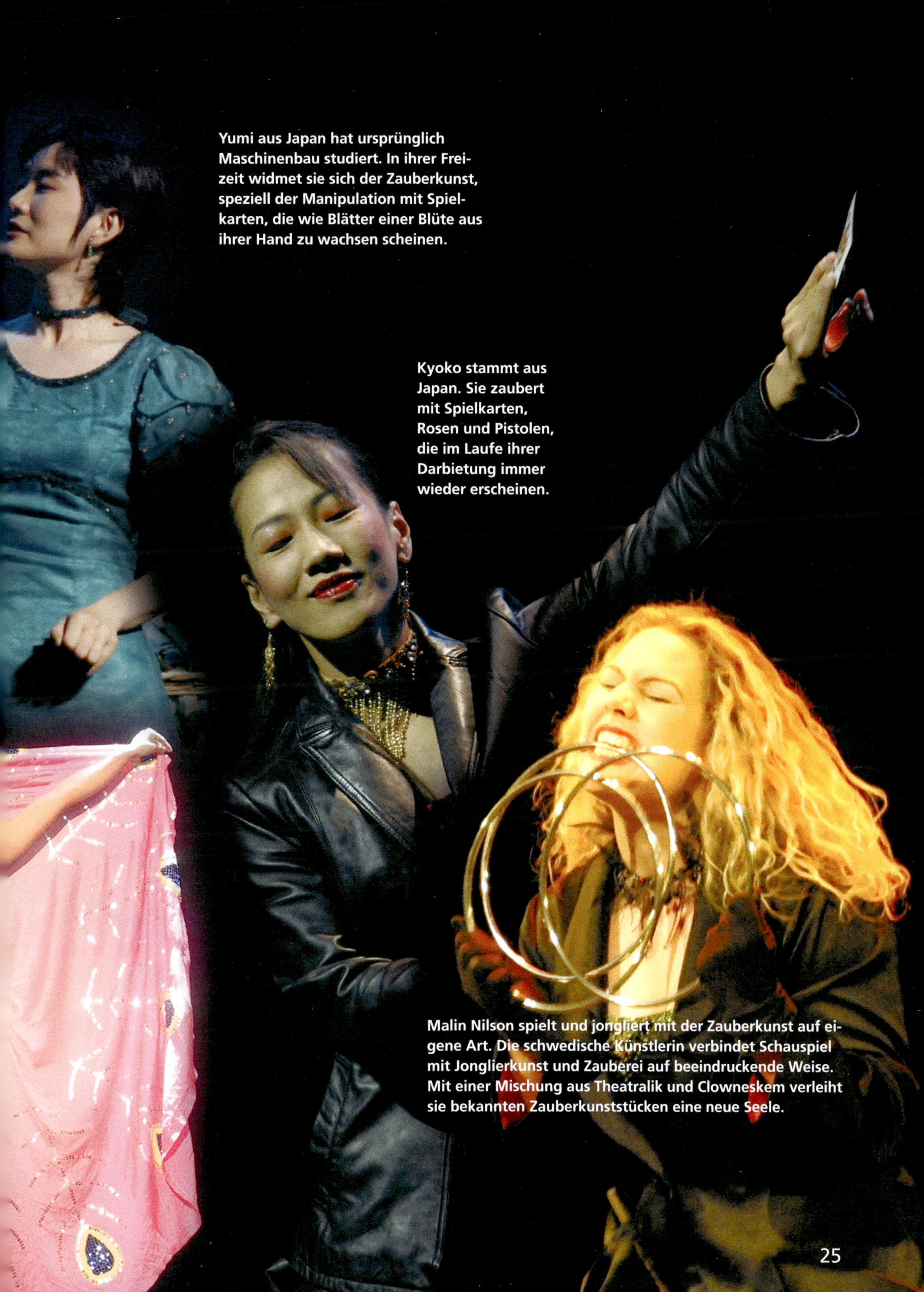

Yumi aus Japan hat ursprünglich Maschinenbau studiert. In ihrer Freizeit widmet sie sich der Zauberkunst, speziell der Manipulation mit Spielkarten, die wie Blätter einer Blüte aus ihrer Hand zu wachsen scheinen.

Kyoko stammt aus Japan. Sie zaubert mit Spielkarten, Rosen und Pistolen, die im Laufe ihrer Darbietung immer wieder erscheinen.

Malin Nilson spielt und jongliert mit der Zauberkunst auf eigene Art. Die schwedische Künstlerin verbindet Schauspiel mit Jonglierkunst und Zauberei auf beeindruckende Weise. Mit einer Mischung aus Theatralik und Clowneskem verleiht sie bekannten Zauberkunststücken eine neue Seele.

Der Hofzinser Gedächtnisring

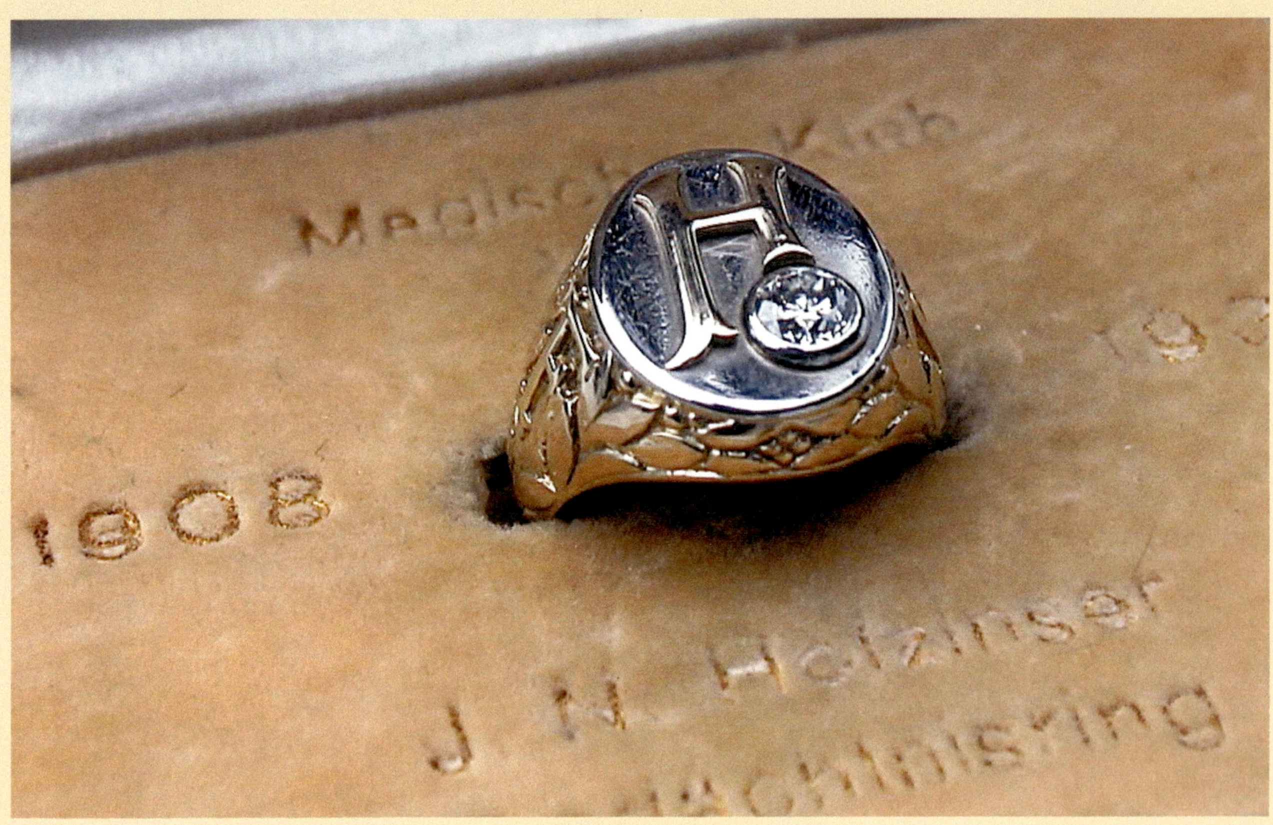

Der Johann-Nepomuk-Hofzinser-Gedächtnisring (kurz Hofzinser-Ring) ist eine einzigartige Auszeichnung für Zauberkünstler, die erstmals 1933 verliehen wurde. Robert Farchmin stiftete in Erinnerung an Johann Nepomuk Hofzinser den Gedächtnisring, der für jeweils drei Jahre dem Zauberkünstler verliehen werden sollte, der sich um die Zauberkunst besonders verdient gemacht hatte. Entworfen wurde der Ring von Anton Stursa, einem bekannten österreichischen Zauberkünstler und Grafiker.

Nach dem Tod des letzten Trägers, Werner Geissler-Werry, wurde im Mai 2009 die Stiftung „Johann Nepomuk Hofzinser-Gedächtnisring" ins Leben gerufen.

Stifterin ist Inge Geissler, Witwe von W. Geissler-Werry, der Stiftungsträger ist der deutsche Zauberkünstler Wittus Witt.

Stifterin und Stiftungsträger haben zur Wahl der Preisträger ein Kuratorium bestimmt, das aus dem Stiftungsträger und sechs Mitgliedern besteht.

Das Kuratorium setzte sich bis zum Jahre 2023 zusammen aus folgenden Zauberkünstlern:

Roman Ertl
Mirko Ferrantini
Frank Gilka
Dr. Christian Rauda
Michael Sondermeyer
Dr. Christian Theiss

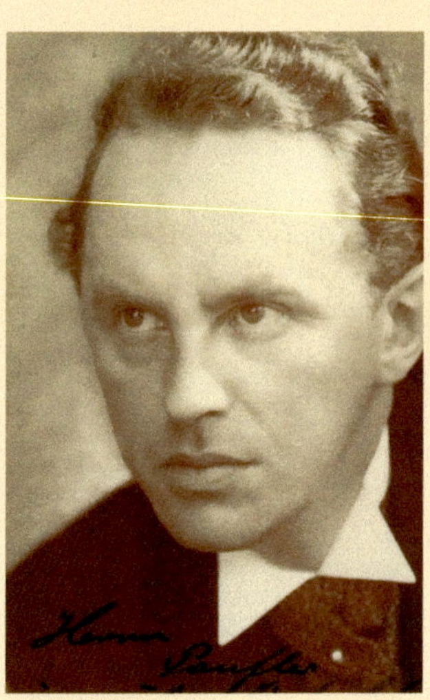

Der Stifter des Hofzinser-Gedächtnisringes: Robert Farchmin, 19. Juni 1901 – 19. Dezember 1989

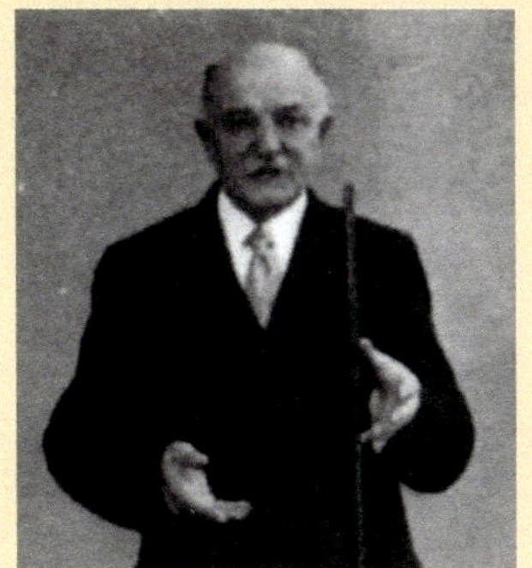
Ottokar Fischer

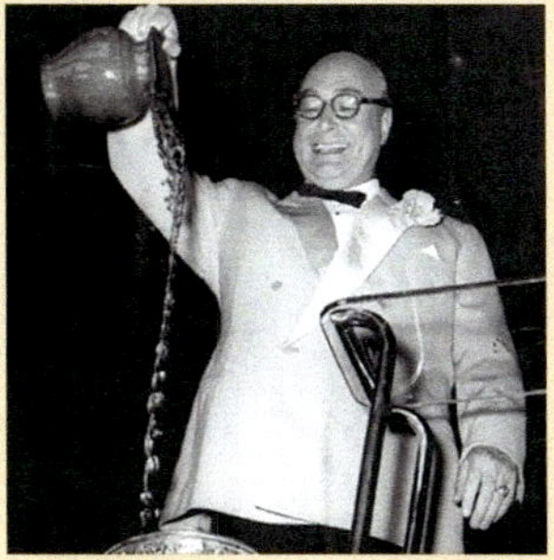
Helmut Schreiber-Kalanag

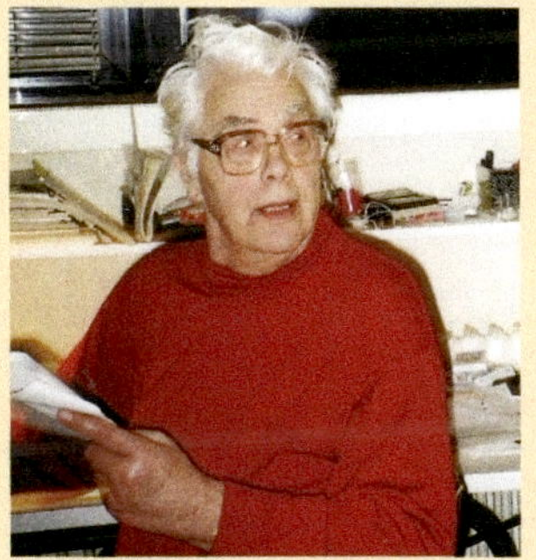
Werner Geissler-Werry

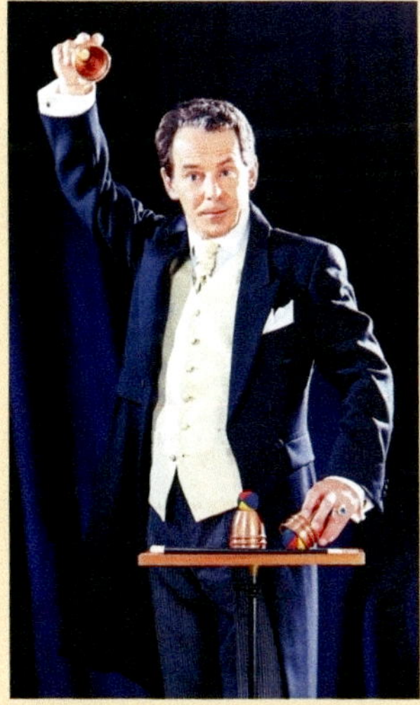
Stefan A. Rautenberg

Die bisherigen Träger des Ringes

1933 erhielt den Ring Ottokar Fischer für die Rettung des Hofzinser-Erbes.

1936 ging der Ring an Helmut Schreiber (später bekannt als Kalanag), der sich um die Vereinszeitschrift „Magie" verdient gemacht hatte.

1939 wurde der Ring nicht verliehen. Durch die Kriegsjahre kam es erst wieder 1948 zu einer Verleihung.

1948 wurde Ludwig Hanemann (Punx) der dritte Träger. Punx hatte einen neuen Vorführstil in der Zauberkunst entwickelt.

1950 wurde der Ring erneut an Punx verliehen, diesmal jedoch auf Lebenszeit. Punx erschien damit als erster und bis heute als einziger deutscher Zauberkünstler auf der Titelseite des Nachrichtenmagazins Der Spiegel.

Am 13. April 1985, anlässlich einer Gala der Magischen Nordlichter e.V. in Hamburg, wechselte der Hofzinser-Ring zum vierten Mal den Besitzer. Punx überreichte ihn an Werner Geissler (Werry). Mit der Herausgabe der Fachzeitschrift „Magische Welt" hatte Werry etwas Einmaliges in der deutschsprachigen Zauberszene geschaffen. Geissler starb am 19. Juni 2000. Seither hatte seine Witwe, Inge Geissler, den Ring verwahrt. Mit der Übertragung auf eine von ihr errichtete Stiftung soll die Tradition des Ringes im Sinne von Robert Farchmin sowie früherer Träger fortgeführt werden.

Am 12. Dezember 2010 wurde der Ring zum ersten Mal nach 25 Jahren neu vergeben. Die Zeremonie fand während des 4. Zauber-Theater-Festivals im Theater an der Ruhr, Mülheim, NRW, statt. Der Empfänger war Magic Christian aus Österreich, der das Leben von Hofzinser neu aufgearbeitet und vier umfangreiche Bände dazu herausgebracht hatte.

Am 29. August 2013 wurde der Ring anlässlich der 5. europäischen Zauberhistoriker Konferenz in Hamburg zum ersten Mal in seiner Geschichte an zwei Künstler verliehen: Frascatelli und Tre Face.

Während der 7. Hamburger Zaubernächte 2017 erhielt Markus Zink den Ring in Anerkennung seiner kreativen Zauber-Theaterprogramme, die er vor allem in öffentlichen Theatern präsentiert.

Am 19. September 2020 wurde der Ring um 19:30 Uhr zum 9. Mal vergeben. Empfänger ist der Hamburger Zauberer Jan Logemann, der sich durch neue kreative Formate für die Weiterentwicklung der Zauberkunst besonders hervorgetan hat.

Am 18. November 2023 erhielt Stefan Alexander Rautenberg den Ring auf Lebzeiten. Rautenberg knüpft an die Tradition Hofzinsers und Robert-Houdins an.

Die Verleihung fand im Museum Bellachini, Hamburg, statt.

Münchner Zauberwochen

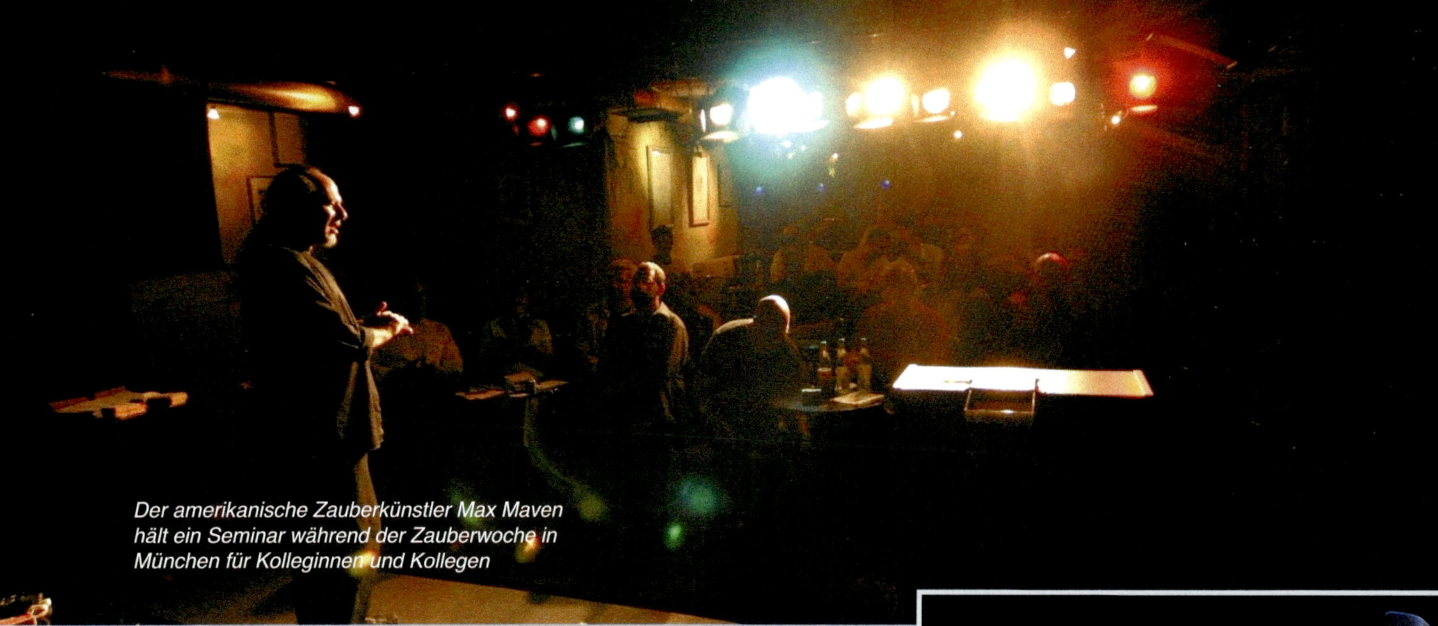

Der amerikanische Zauberkünstler Max Maven hält ein Seminar während der Zauberwoche in München für Kolleginnen und Kollegen

Seit 1994 werden alljährlich in einem kleinen Theater in München die „Münchner Zauberwochen" ausgetragen. Organisiert werden sie von den Zauberkünstlern Gaston, Ben Profane und Thomas Fraps. In jedem Jahr erleben rund 1000 Besucher an 13 Abenden eine erstaunliche Mischung aus Zauberkunst, Comedy und Theater. Oftmals sind es sechs verschiedene Programme mit 17 Künstlern aus 5 Ländern, die die Kellerbühne des „theater... und so fort" (vormals Unterton-Theater) in ein unterirdisches Paralleluniversum, einen realitätslosen Raum verdrehter Wirklichkeiten und theatraler Illusionen verwandeln.

Zauberkollegen aus Deutschland, Österreich, Schweiz, Portugal, USA und Kanada sind dem Ruf der Gastgeber bereits gefolgt.

Die erste Woche beginnt traditionell mit gemischten Galavorstellungen, die von Gaston und Ben Profane moderiert werden. Hier ergibt sich oft eine Mischung aus Spaß und Kritik, gepaart mit kreativem Austausch unter Kollegen, der gelegentlich zu intensiven Probensitzungen und im Idealfall sogar (kleineren) Verbesserungen einzelner Nummern führt. Diese Dynamik ist es wohl, die für viele Zauberkünstler der motivierende Mehrwert ist, nach München zu kommen.

Im Verlauf des restlichen Festivals setzt sich das Spektrum der Darbietungen in der Zusammenstellung der Solo- und Gastprogramme fort.

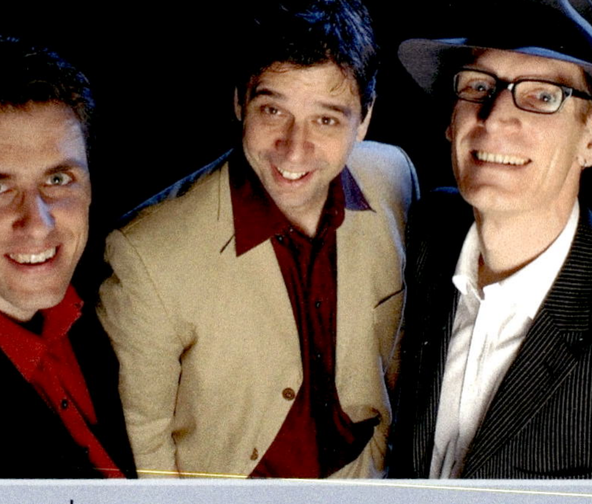

Sie sind die „Macher" der Münchner Zauberwochen: (von links) Thomas Fraps, Gaston und Ben Profane; jeder von ihnen ist ein profilierter Zauberkünstler, der sich mit eigenen Soloabenden einen Namen gemacht hat. In der Zauberszene gehören die drei zu den führenden Köpfen.

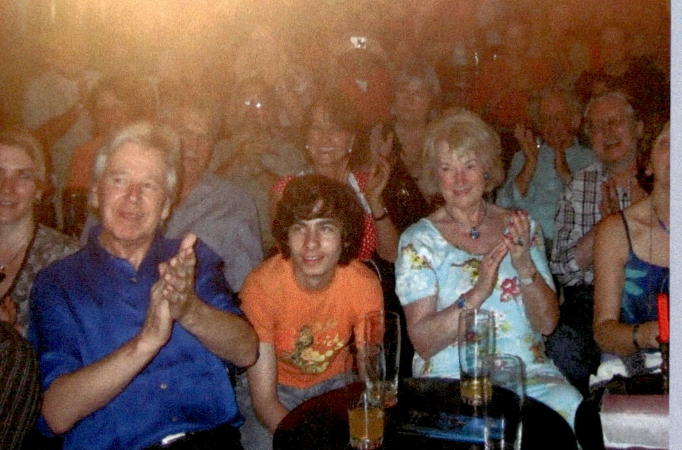

Ingolstädter Zaubertage

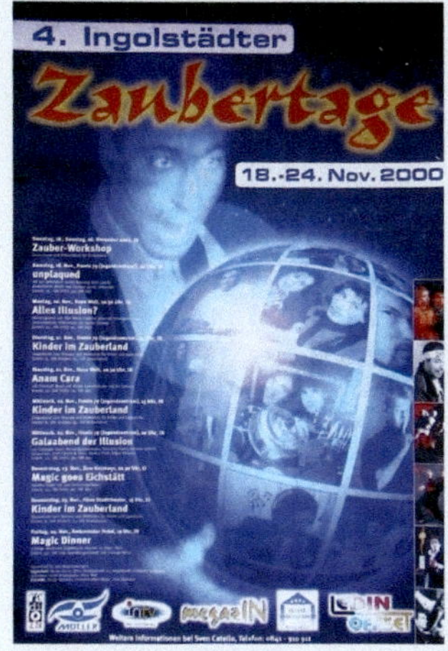

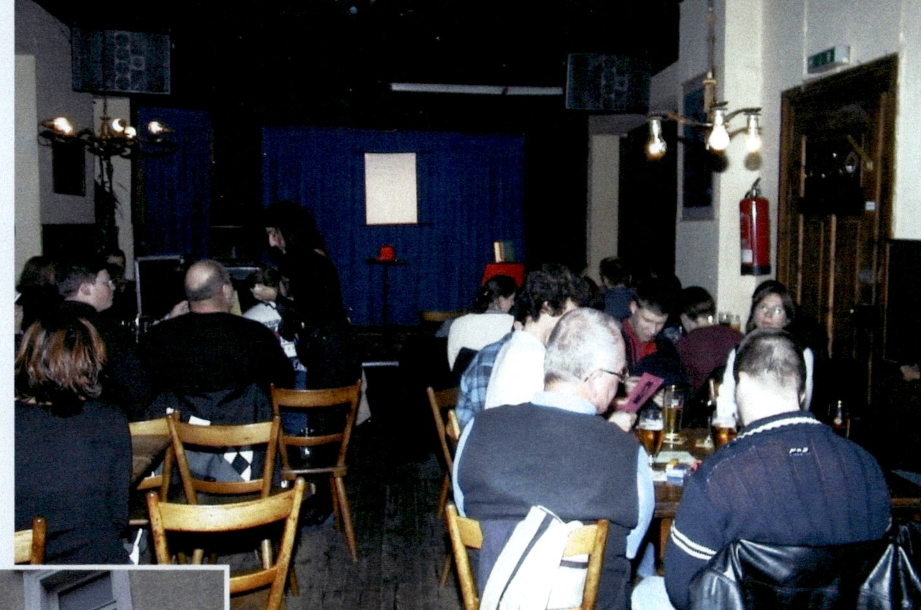

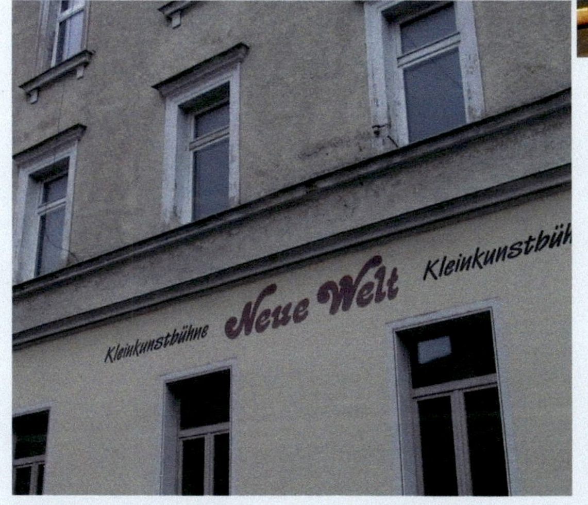

Die beliebte Kleinkunstbühne in Ingolstadt, die „Neue Welt"

Seit 1997 organisiert der Zauberkünstler Sven Keidel, besser bekannt unter seinem Künstlernamen Sven Catello, die Ingolstädter Zaubertage. Sie sind schon längst eine Institution in Ingolstadt geworden sind. Die Stadt und ihre Bürger nehmen sie begeistert auf und unterstützen den Organisator kräftig. So darf er z. B. kostenlos in der Stadt plakatieren, das beste Hotel am Platz bietet den Akteuren kostenlose Unterkunft und eine Reihe von weiteren Firmen sponsern dort, wo sie gebraucht werden.

Die Auftrittsorte in Ingolstadt können kaum unterschiedlicher sein. Zum einen ist es das Kneipen-Theater „Die neue Welt", zum anderen die Turnhalle des hiesigen Gymnasiums.

Die Liste der auftretenden Zauberkünstler/innen liest sich stets wie ein kleines Who is Who der deutschsprachigen Zauberszene.

Die Gäste erleben Zauber-Workshops, Soloprogramme, einen Gala-Abend, Kindervorstellungen und ein Magic Dinner, bei dem mehrere Künstler gleichzeitig auftreten.

Die Zaubertage zeichnen sich besonders durch ein aktives Miteinander der Zauberkünstler aus. Jeder hilft jedem und jeder wird in unterschiedlichen Auftrittsmöglichkeiten gefordert.

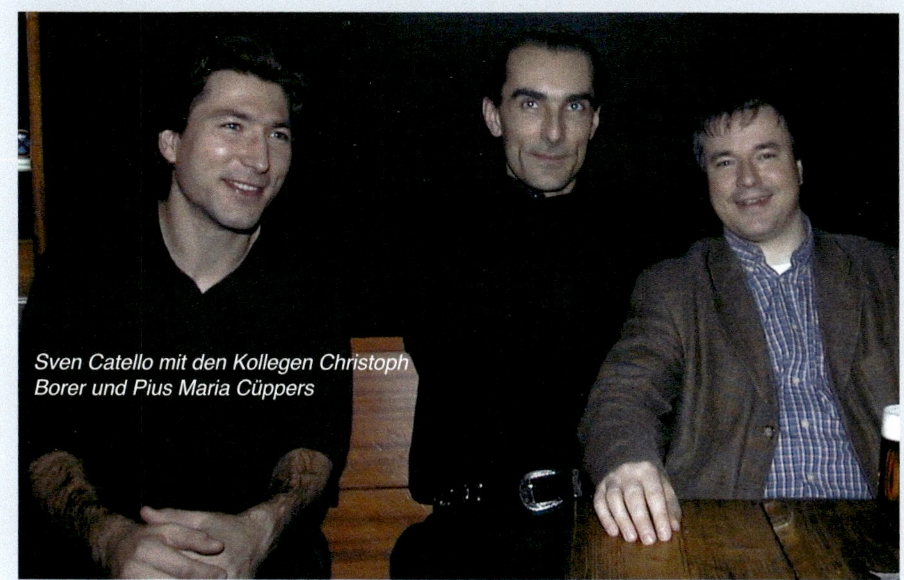

Sven Catello mit den Kollegen Christoph Borer und Pius Maria Cüppers

Hamburger Zaubernächte

Mit den Zaubernächten in Hamburg wird nach etlichen Jahren die Zauberkunst wieder in einer Stadt belebt, die auf eine besonders lange Zaubertradition zurückblicken kann.

Die Hamburger Zauberkünstler von links: Manuel Muerte, Jan Logemann und Patrick Folkerts

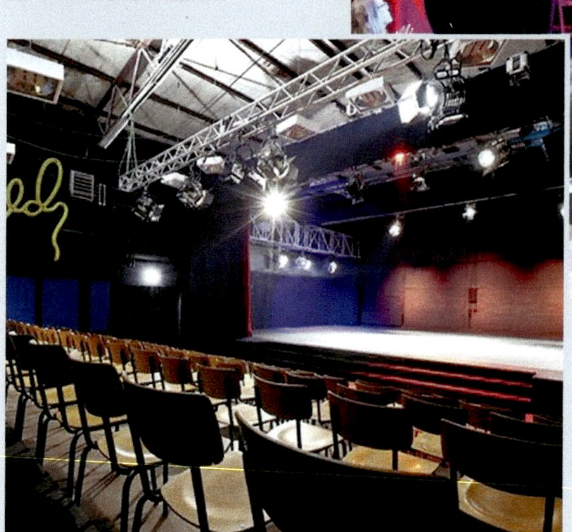

Ein Idealer Raum für die Hamburger Zaubernächte seit 2014: Theater Sprechwerk in Hamburg

Die Hamburger Zaubernächte sind im Grunde genommen durch das Zauber-Theater-Festival in Mülheim a. d. Ruhr entstanden, das bereits mehrere Jahre lang von Wittus Witt organisiert worden ist. Mit seinem Umzug nach Hamburg nahm Wittus Witt auch seine Idee mit und inszenierte hier 2011 die ersten Hamburger Zaubernächte.

Dazu hat er ganz bewusst ein intimes Theater gesucht, in dem die Soloprogramme seiner Kolleginnen und Kollegen besonders gut zur Geltung kommen sollten. Das traditionsreiche „Kellertheater“ mitten in Hamburg bot anfangs die idealen Voraussetzungen. 2014 zogen die Zaubernächte in das etwas größere Theater Sprechwerk.

Jeweils an einem Wochenende von Freitag bis Sonntag verzaubern hier abends Künstlerinnen und Künstler mit ihren 2-Stundenprogrammen die Zuschauer. Traditionsreiche Salon-Zauberei kommt ebenso zur Geltung wie anarchisches Zauberchaos.

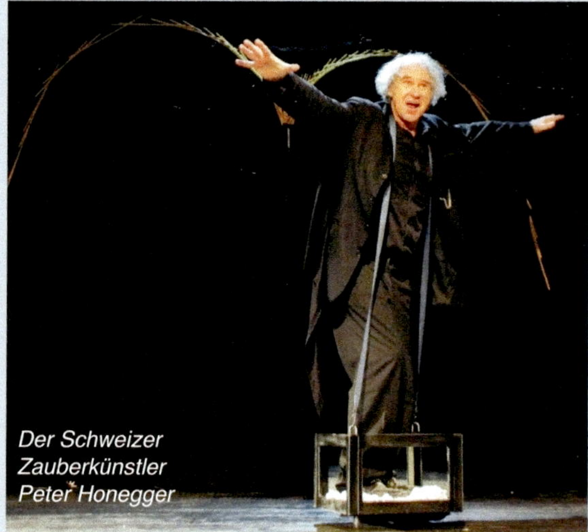

Der Schweizer Zauberkünstler Peter Honegger

Zaubermuseum Bellachini

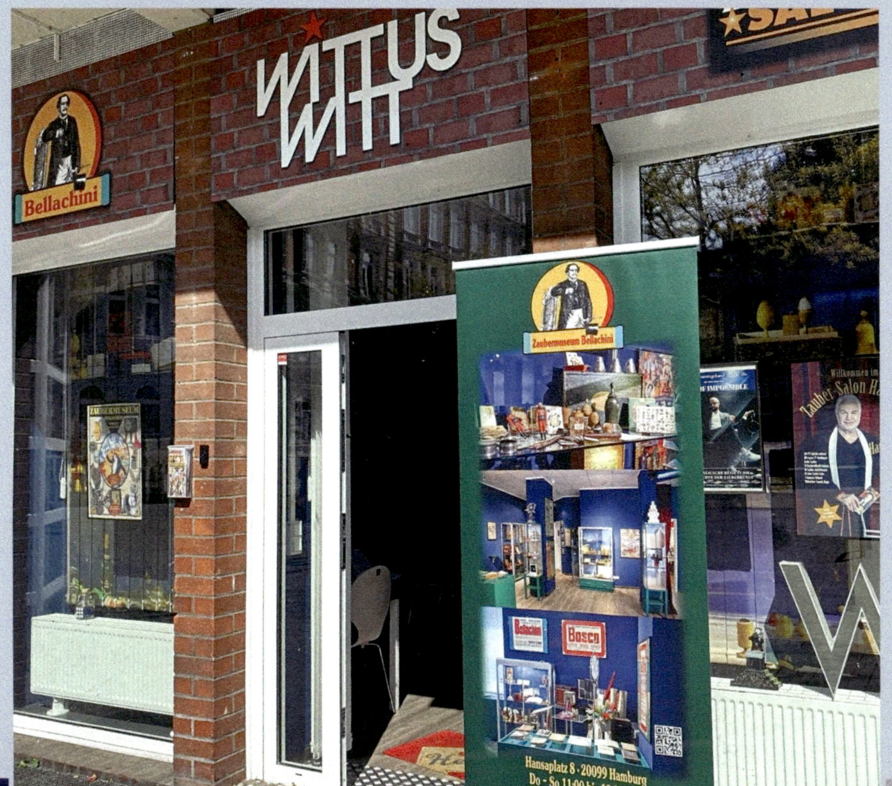

Seit 2022 gibt es in Hamburg das erste kulturgeschichtliche Museum für Zauber und Kunst. Es wurde von dem renommierten Zauberkünstler Wittus Witt gegründet und zeigt in wechselnden Ausstellung die Entstehungs- und Entwicklungsgeschichte der Zauberkunst.
Den Grundstock des Museums bildet die weltweit bekannte Sammlung von Witt mit Exponaten aus dem frühen 18. und 19. Jahrhundert

Das Museum ist regelmäßig von Donnerstag bis Sonntag von 11:00 bis 18:00 Uhr geöffnet.

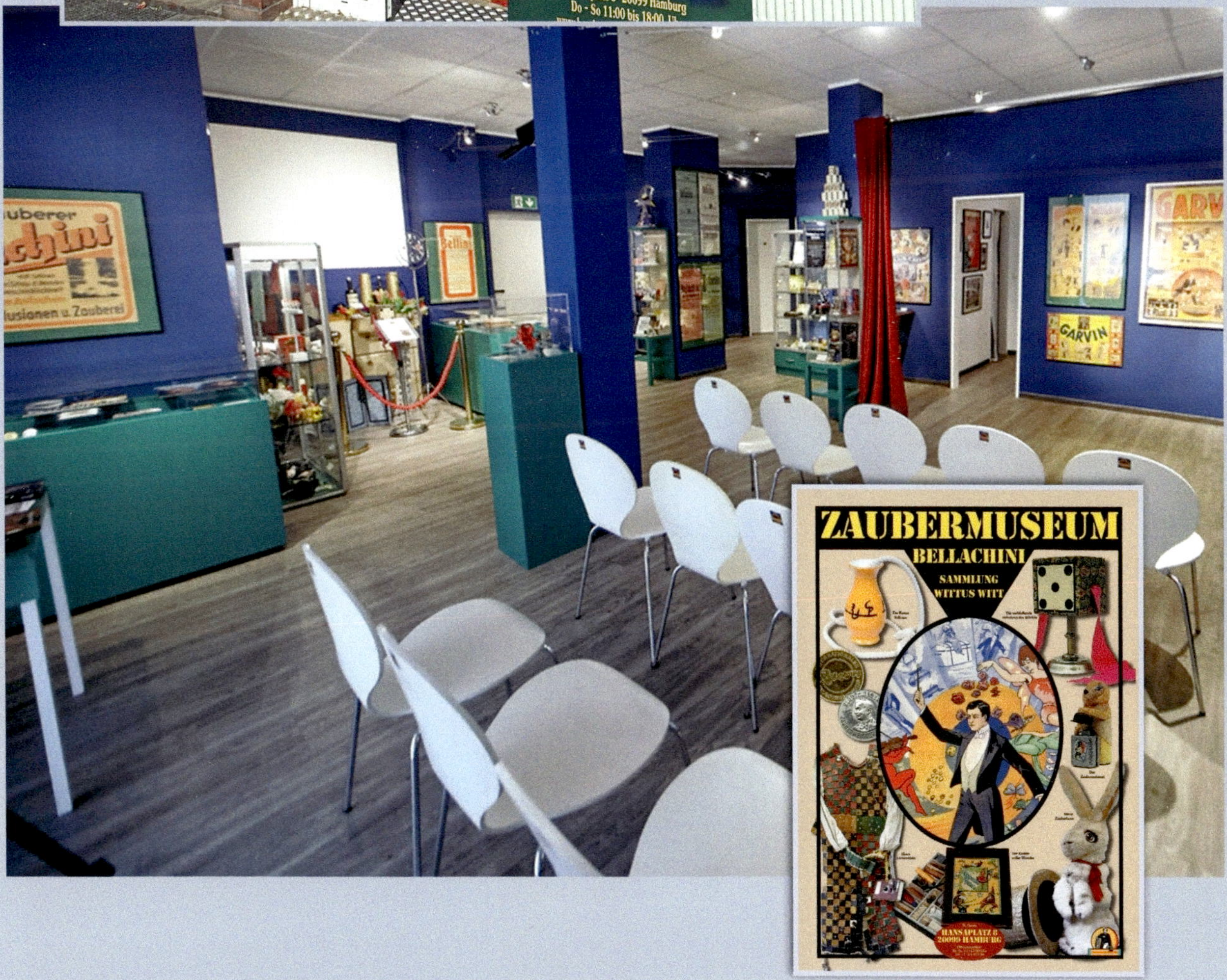

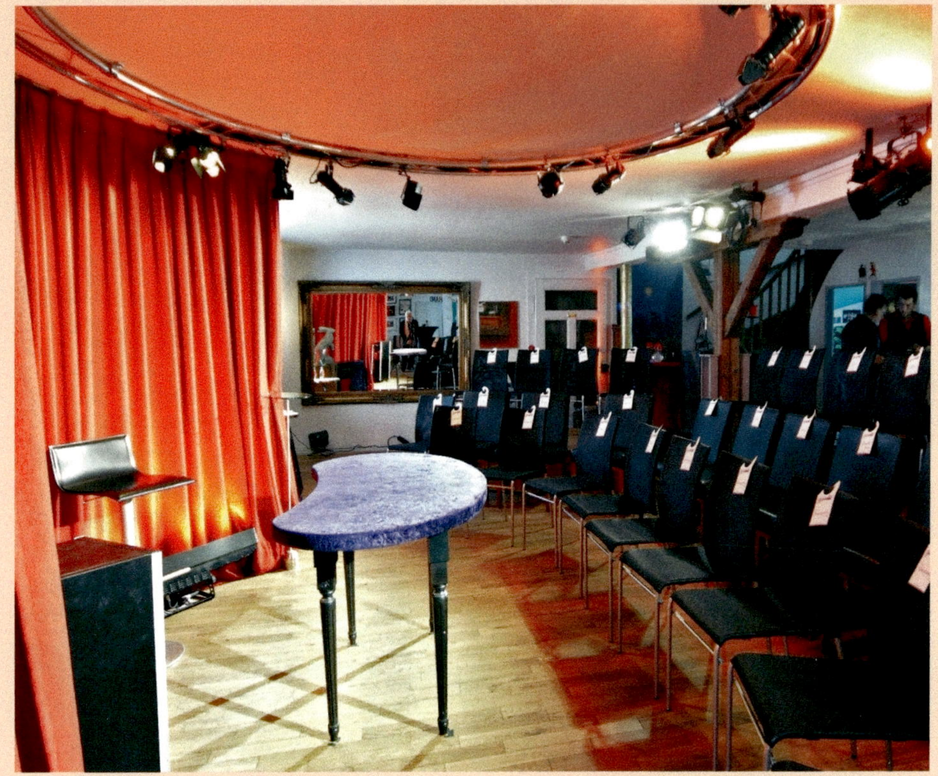

Nürnbergs „Wundermanufaktur" wurde im Januar 2009 von Stefan Kirschbaum eröffnet

Die Wundermanufaktur

Viele Jahre lang trat der Nürnberger Stefan Kirschbaum bei unterschiedlichen Veranstaltungen als Zauberkünstler auf. Oftmals zeigte er seine Kunst hautnah an den Tischen der Gäste, die er, von Tisch zu Tisch gehend, nacheinander verzauberte. In der Fachsprache wird diese Art der Zauberei auch mit dem englischen Begriff „Table-Hopper" bezeichnet.

Vom Table-Hopper zum Theaterdirektor

Künstlerische Erfüllung kann man jedoch auf diese Weise kaum erlangen. Also entschloss sich Stefan Kirschbaum, einen eigenen Ort zu schaffen, der eine zauberhafte Ausstrahlung auf die Gäste erzeugt und in der die Gäste vor allem ungestört die Kunst des Zaubern erleben können. Im Januar 2009 war schließlich die Eröffnung seiner „Wundermanufaktur": ein Theater mit 40 Sitzplätzen. Er folgte damit einer Entwicklung, die zuvor Kollegen in Berlin und München gemacht hatten. Inzwischen existieren in Deutschland rund ein Dutzend solcher intimen Theater.

Bereits 2004 gründete der Berliner Zauberer Axel Hecklau ein intimes Zaubertheater, in dem er zusammen mit Kollegen regelmäßig Vorstellungen für bis zu 50 Personen gibt.
Es folgten Thorsten Strotmann in Stuttgart mit seiner Magic Lounge, in München die Zauberer Krist & Münch mit ihrem gleichnamigen Theater und Roland Henning in Lübeck.

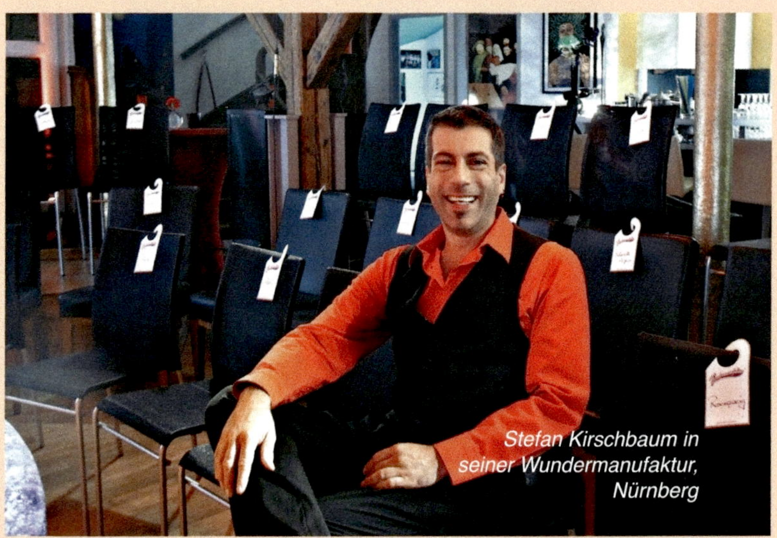

Stefan Kirschbaum in seiner Wundermanufaktur, Nürnberg

Ehrlicher Hallen-Zauber

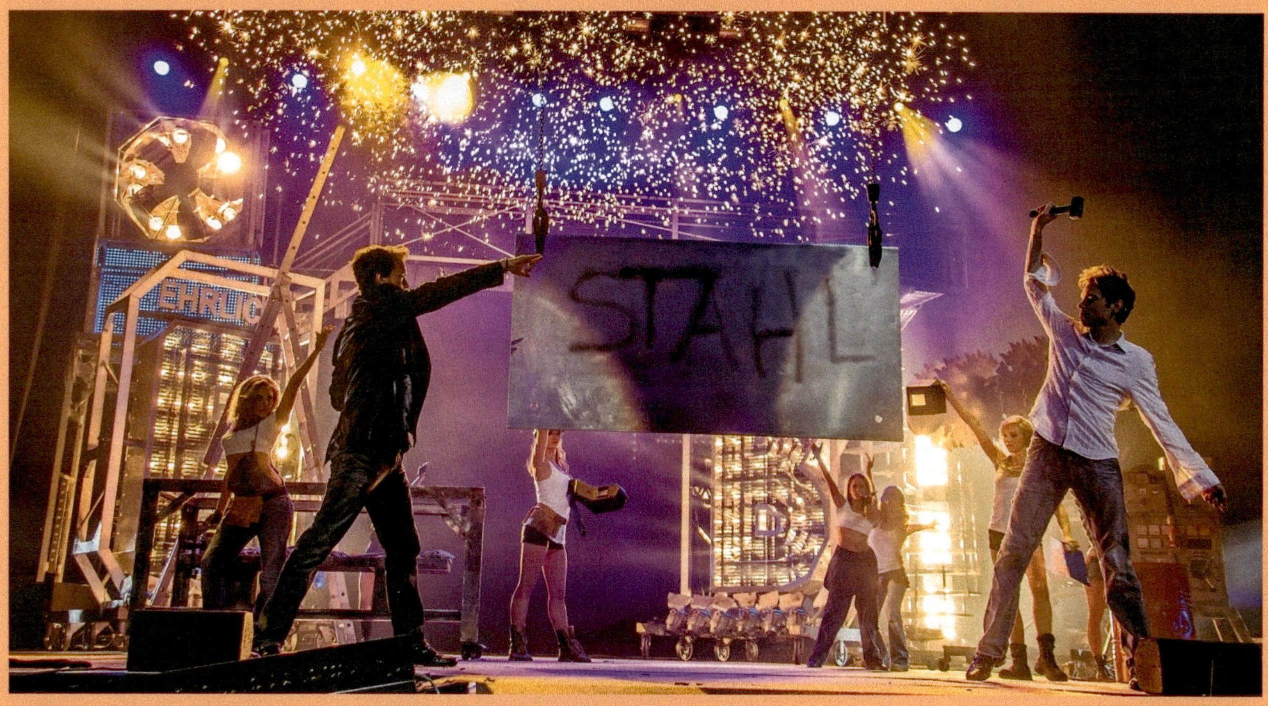

Die Ehrlich Brothers mit Ensemble verzaubern große Hallen mit großen Utensilien

Die Ehrlich Brüder 2003

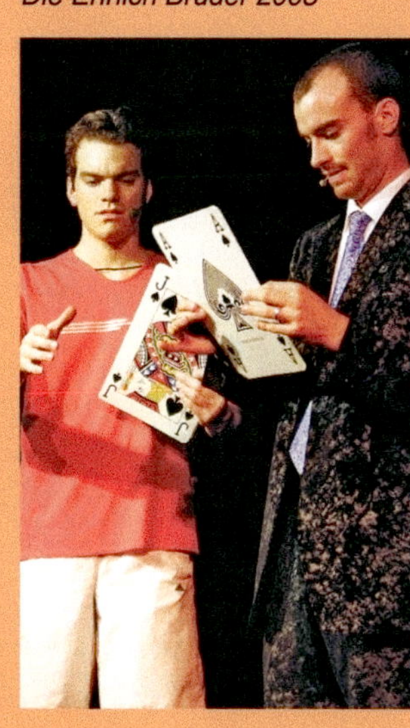

Ein Fieber entfachen

Die beiden Brüder Chris (* 1. Februar 1978) und Andreas (* 19. Februar 1982) experimentierten schon als Kinder mit einem Zauberkasten. Andreas studierte zunächst Sport und Mathematik auf Lehramt. Christian studierte Anglistik und Romanistik, machte aber dann eine Ausbildung als staatlich geprüfter Pyrotechniker. Nebenher zauberten sie unter den Künstlernamen Andy McJoy bzw. Chris Joker unabhängig voneinander und gewannen diverse Auszeichnungen.

2000 beschlossen sie, gemeinsam als Duo zu agieren. Zusammen entwickelten sie, angelehnt an Siegfried & Roy, aufwendige Bühnenshows und ausgefeilte Illusionstechniken. So scheinen sie auf der Bühne Eisenbahnschienen mit bloßen Händen zu verformen oder innerhalb von Sekunden Bäume sprießen zu lassen, denen sogar Früchte wachsen. Die Bühnenshows sind, ihren Vorbildern gemäß, für große Bühnen entworfen und in ihrer Wirkung spektakulär konzipiert. 2004 änderten sie ihren Namen in Ehrlich Brothers, da sie sich, anders als andere Zauberer, nicht in eine übersinnliche und schwarzmagische Ecke stellen lassen wollen, sondern ihre Illusionen als in der Wirklichkeit verwurzeltes klassisches Entertainment verstehen.

Unter anderem traten sie vor 10 000 Zuschauern in der TUI Arena, auf dem Rockfestival Wacken Open Air und bei Verstehen Sie Spaß? auf. In einem Interview mit der Zeitschrift Magische Welt vor 10 Jahren antworteten sie auf die Frage, was sie mit der Zauberei erreichen möchten: „Wir wollen ein Fieber entfachen."

Ich werde getäuscht – also bin ich

Von der Bank zur Bühne

Die Zauberkunst begleitet Stefan Alexander Rautenberg bereits seit 1972, zunächst in Berlin und ab 1991 in Frankfurt am Main. Aber einmal wirklich Zauberkünstler von Beruf zu werden, war im Ursprung nicht geplant. Er hat sich überhaupt nicht vorstellen können, dass er davon eines Tages mindestens ebenso gut leben werden würde wie vom Beruf des Bankkaufmanns. Gereizt hat es ihn allerdings schon.

1992 ergab sich der Schritt zum freiberuflich tätigen Zauberkünstler. Rautenberg ist die Verkörperung des eleganten Salonzauberer, der mit anspruchsvollen und geschliffenen Vorträgen und Kabinettstücken der Zauberkunst sein Publikum bestens zu unterhalten versteht.

Er teilt sein Programm „Ich werde getäuscht – also bin ich" in 7 Akte ein, die er zu Beginn seinen Zuschauern kurz vorstellt, ehe er im einzelnen auf sie eingeht. Dabei spielt er nicht nur mit den Requisiten sondern auch stets mit den Worten, die seine Darbietungen begleiten.

Die Auswahl der Kunststücke ist wohldurchdacht. Rautenberg lässt auch so manches wieder aufleben, was für viele seiner Kolle-

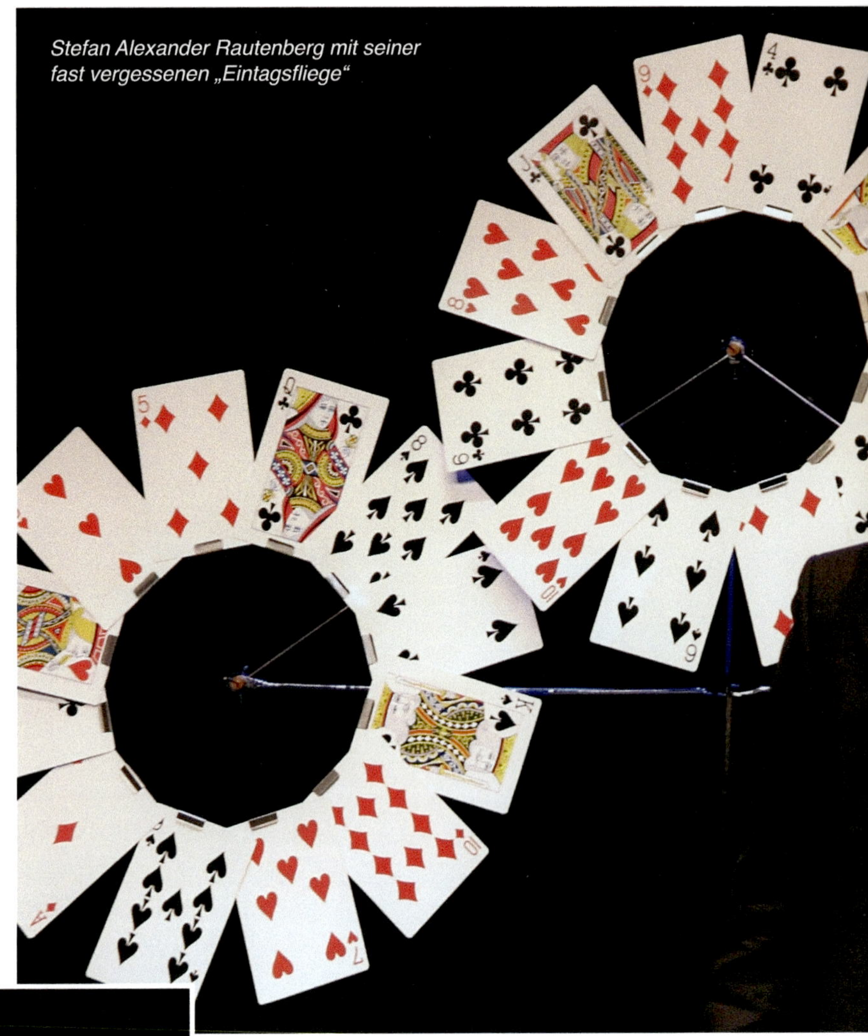
Stefan Alexander Rautenberg mit seiner fast vergessenen „Eintagsfliege"

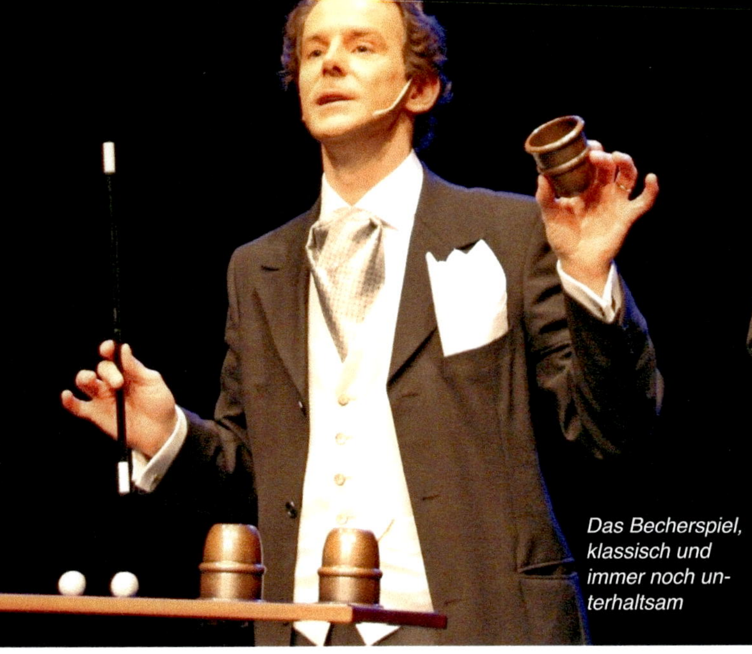
Das Becherspiel, klassisch und immer noch unterhaltsam

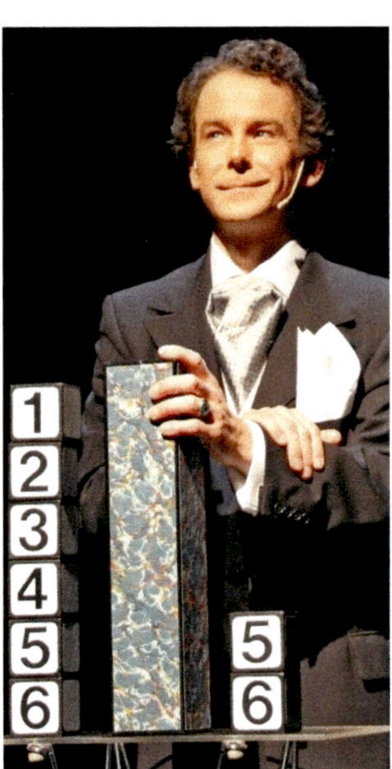

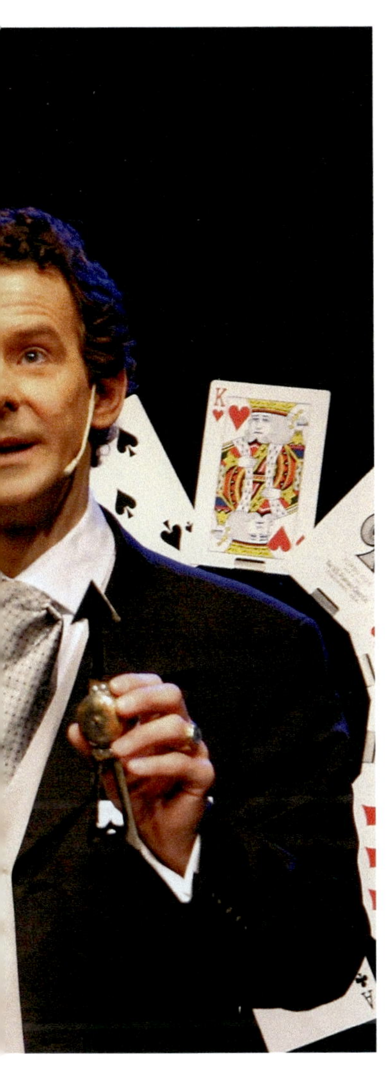

gen schon längst als verschollen galt. Besonders sticht dabei die „Eintagsfliege" heraus; ein Kunststück, das jeweils für den einen einzigen Auftrittstag neu konzipiert werden muss, um seinem Namen gerecht zu bleiben. Aber auch das klassische Kunststück mit dem Becherspiel beherrscht Rautenberg meisterhaft. Es ist das Kunststück, von dem der große französische Zauberkünstler Robert-Houdin gesagt haben soll, dass es jeder gute Zauberkünstler in seinem Repertoire zeigen sollte.

Ein weiteres wunderbares, vergessenes Kunststück zeigt Stefan Alexander Rautenberg mit einer Handvoll großer Zahlenwürfel, die seinem Befehl auf mysteriöse Weise gehorchen. Sie ordnen sich wie von allein zu unterschiedlichen Formationen und Zahlenreihen zusammen. Den Abschluss seines Programms bildet fast immer eine Kunst der besonderen Art: Das Wunderpapier. Es wurde bereits im 19. Jahrhundert erfunden und wirkt in Rautenbergs Händen in der Tat wie ein neues Wunder. Ein scheinbar einfach gefaltetes Stück Papier wird mit wenigen Handgriffen zu unterschiedlichen Figuren und Objekten geformt, begleitet von einem launigen Vortrag.

Neben seinen Abendprogrammen ist Stefan Alexander Rautenberg auch ein gern gesehener Gast bei Veranstaltungen, die er als Zeremonienmeister begleitet. Hier übernimmt der die Funktion eines Moderators und Conférenciers in einer Person und verleiht damit dem Event eine persönliche und zauberhafte Note.

Kollegen schätzen Rautenberg auch als belesenen Historiker, der mit Fachvorträgen und Artikelserien in Fachzeitschriften von seinem umfangreichen Wissen erzählt.

Stefan Alexander Rautenberg versteht es, klassische Zauberkunststücke zeitgemäß zu präsentieren. Seine Kunst besteht darin, eine Atmosphäre für das Publikum zu schaffen, die sich im Hier und Jetzt befindet. Rautenberg betrachtet die Klassiker der Zauberkunst wie Musiktitel, die immer wieder neu interpretiert werden können und dadurch auch von einem modernen Publikum unterhaltsam empfunden werden.

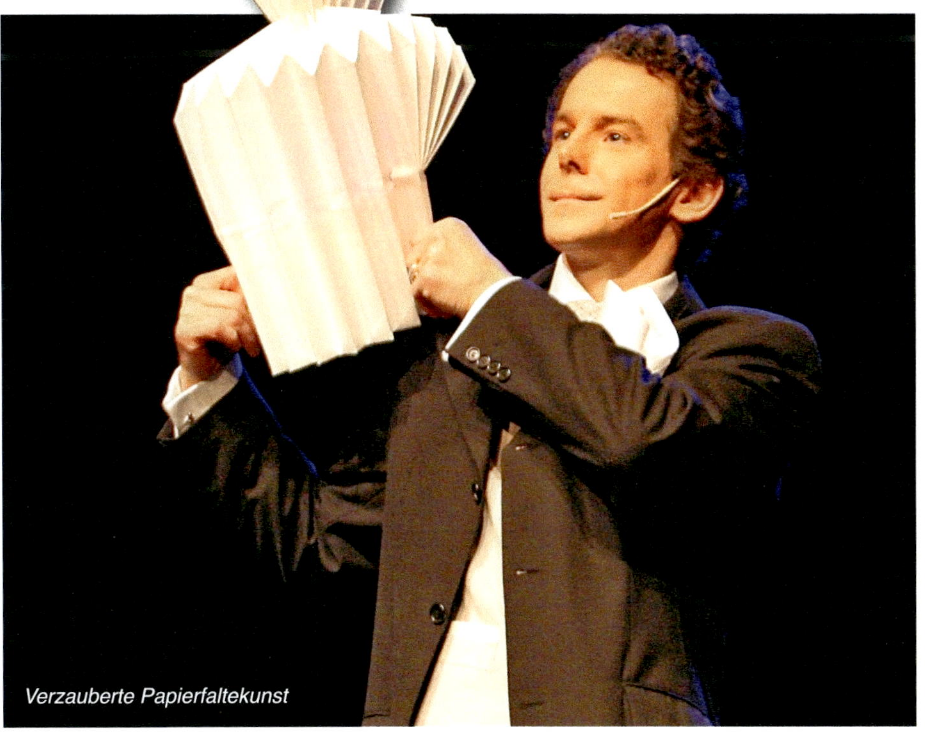

Verzauberte Papierfaltekunst

Die berühmtesten Zauberer des 19. Jahrhunderts

Der in Münster geborene Alexander Heimbürger (1819–1909) und Samuel Berlach waren die berühmtesten Zauberkünstler im 19. Jahrhundert.

Alexander Heimbürger

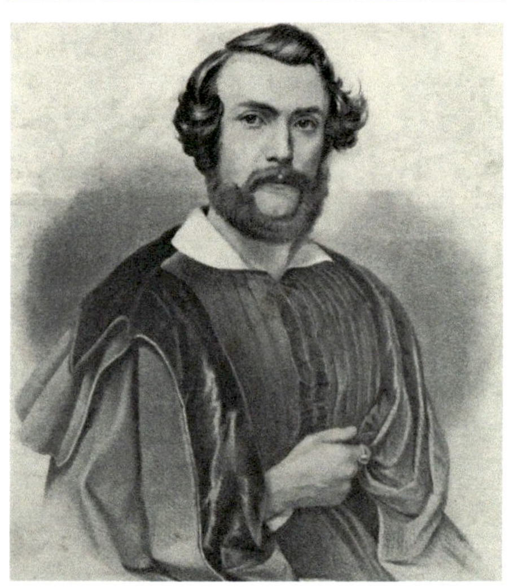

Angeregt zur Zauberkunst wurde Heimbürger durch eine Vorstellung von Ludwig Döbler und anderen Zauberkünstlern. Aber zunächst sollte er eine Lehre als Lithograph absolvieren.

Per Zufall lernte er den Zauberkünstler Professor Becker kennen, bei dem er für kurze Zeit lernen durfte.

Anfangs nannte er sich nur Alexander und begann, mit wenig Geld ausgestattet, auf eigene Faust zu reisen. Sein erstes Ziel war Hamburg, wo er abermals per Zufall die richtigen Verbindungen traf. Der Theaterdirektor Karl Töpfer unterstützte ihn und verhalf ihm den Zutritt zu den gehobenen Kreisen der Stadt. Er trat nun häufiger in Privatkreisen auf.

1843 trat er im Alter von nur 23 Jahren eine Reise in die USA und nach Kanada an. Auch hier war ihm der Erfolg beschieden.

Seine weitere Reise brachte ihn nach Westindien und dann nach Mexiko. Besonders seine Auftritte in Rio de Janeiro wurden zu großen Erfolgen. Das Stadtmuseum Münster widmete Heimbürger in den letzten Jahren zwei große Ausstellungen.

Bellachini

Samuel Berlach (1827–1885) wurde als Sohn eines jüdischen Bauern im polnischen Ligota geboren und begann schon früh zu zaubern. Er trat stets bescheiden auf und verblüffte umso mehr seine Zuschauer. Schließlich wagte er sich auch in die größeren Städte und ging in Gasthäuser, in denen er um Erlaubnis fragte, die Gäste zu unterhalten. Er nannte sich nun Bellachini. In der benachbarten Stadt Kalsisch befreundete er sich mit einem Kaufmann, der ihn bei seinem Vorhaben, ein Zauberkünstler zu werden, finanziell unterstützte, um sich die neusten Zauberkunststücke zuzulegen. Zu dieser Zeit war er 15 Jahre alt. 1843 trat er zum ersten Mal öffentlich vor größerem Publikum auf. Es war ein voller Erfolg. Seine Karriere ging nun steil nach oben. Er wurde rasch überall bekannt. Nach seinem Tod nannten sich rund 40 Zauberkünstler ebenfalls Bellachini, um an die Erfolge des Samuel Berlach-Bellachini anzuknüpfen.

Seit 2022 gibt es in Hamburg das Zaubermuseum Bellachini.

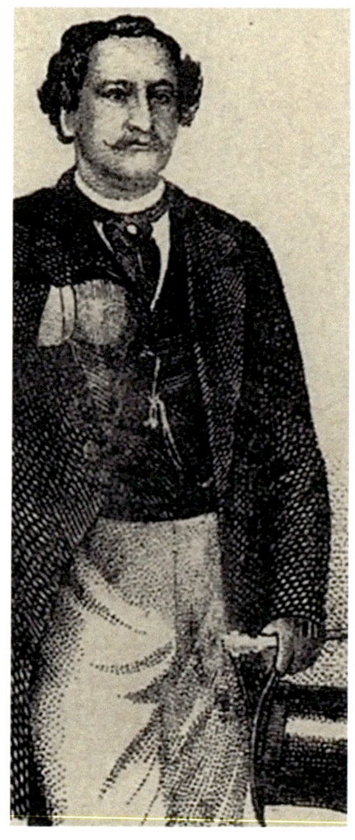

Alexander Heimbürger und Samuel Berlach-Bellachini, die bedeutendsten Zauberkünstler im 19. Jahrhundert

Zauberhistoriker unter sich

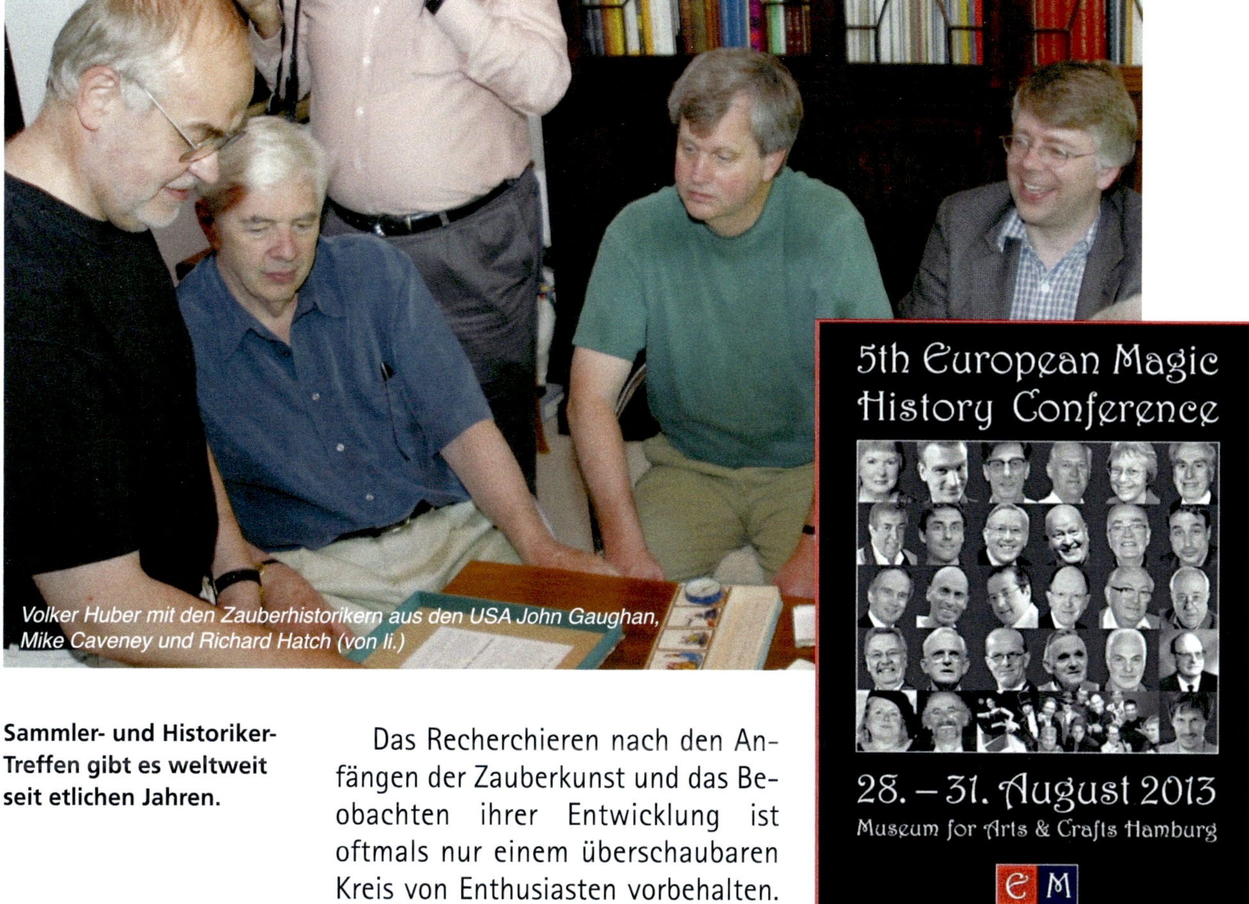

Volker Huber mit den Zauberhistorikern aus den USA John Gaughan, Mike Caveney und Richard Hatch (von li.)

Sammler- und Historiker-Treffen gibt es weltweit seit etlichen Jahren.

Das Recherchieren nach den Anfängen der Zauberkunst und das Beobachten ihrer Entwicklung ist oftmals nur einem überschaubaren Kreis von Enthusiasten vorbehalten. In Deutschland sind kaum mehr als 30 Zauberkünstler intensiv damit beschäftigt, die Zauberhistorie aufzuarbeiten.

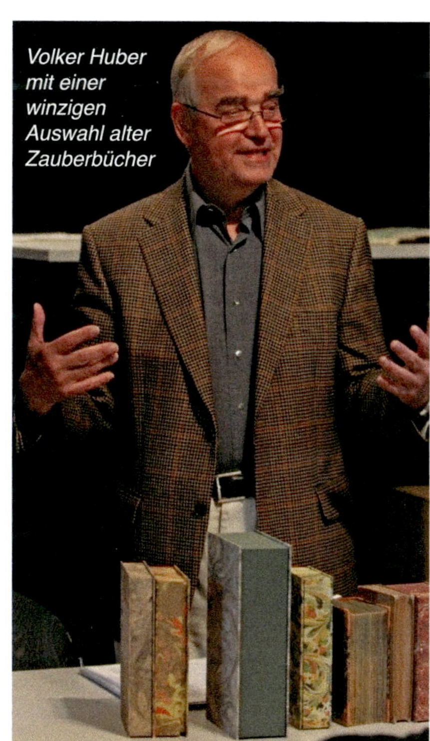

Volker Huber mit einer winzigen Auswahl alter Zauberbücher

Einer der prominentesten Historiker war Volker Huber, (1941–2023) der schon in frühen Jahren begonnen hat, sich für die Geschichte und Tradition der Zauberkunst zu interessieren.

1980 lud Wittus Witt zum ersten deutschsprachigen Zauberhistorikertreffen nach Düren ein.

Die Teilnehmer halten Vorträge über verschiedene Themen der Zauberkunst, berichten von ihren Recherchen zu vergessenen Zaubereignissen, und sie stellen ihre Lieblingszauberstücke vor. Oftmals werden Gastredner mit verwandten Themen aus anderen Bereichen eingeladen.

Seit dem Jahr 2000 werden die deutschsprachigen Treffen nicht nur in Deutschland abgehalten, sondern auch in Luxemburg und Wien.

2005 organisierte der französische Zauberkünstler Dr. Jacques Voignier (1936–2022) das erste europäische Historikertreffen in Paris. 2013 wurde der 5. EMHC in Hamburg veranstaltet.

Zauberbücher

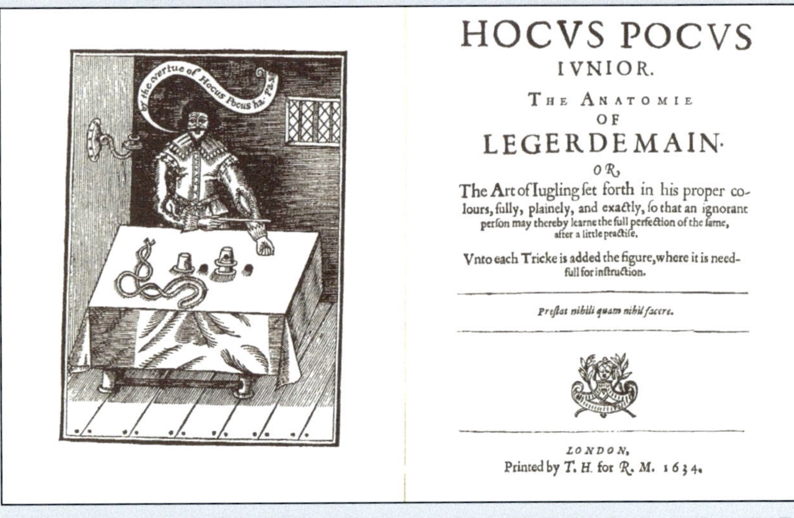

HOCVS POCVS
IVNIOR.
THE ANATOMIE
OF
LEGERDEMAIN.
OR,
The Art of Iugling set forth in his proper colours, fully, plainely, and exactly, so that an ignorant person may thereby learne the full perfection of the same, after a little practise.

Vnto each Tricke is added the figure, where it is needfull for instruction.

Præstat nihili quam nihil facere.

LONDON,
Printed by T. H. for R. M. 1634.

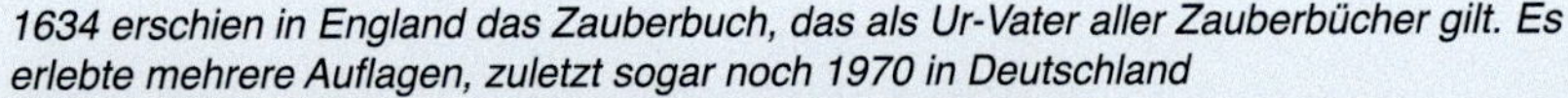

1634 erschien in England das Zauberbuch, das als Ur-Vater aller Zauberbücher gilt. Es erlebte mehrere Auflagen, zuletzt sogar noch 1970 in Deutschland

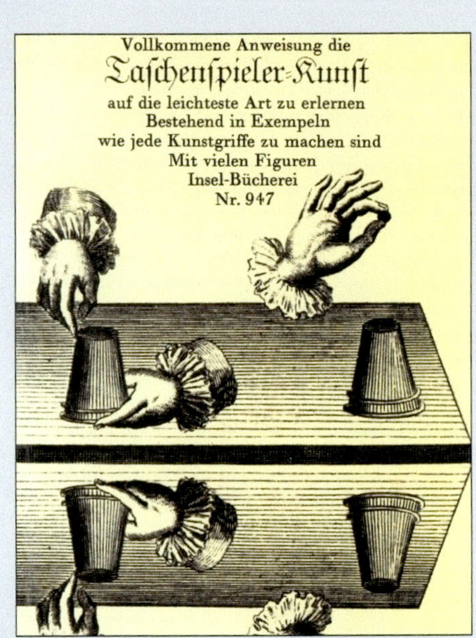

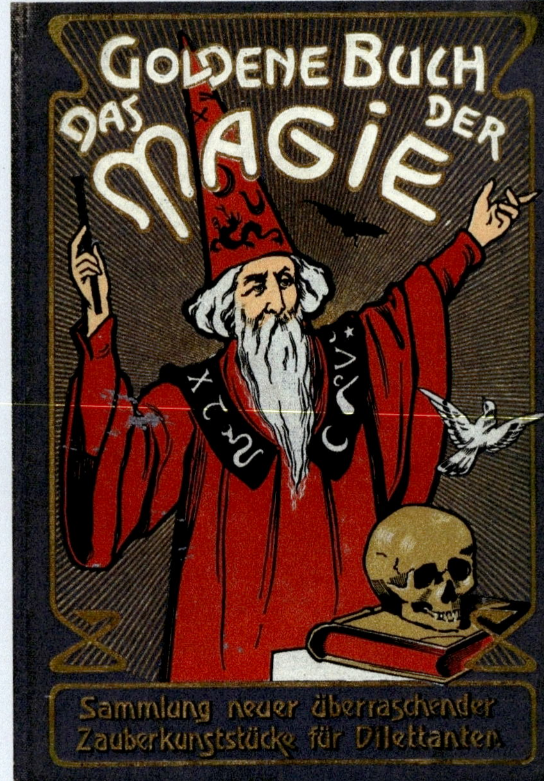

1900 brachte H. F. C. Suhr das wunderschöne „Goldene Buch der Magie“ heraus

Seit dem 17. Jahrhundert kennen wir Bücher, in denen Zauberkunststücke beschrieben werden. Das erste, in deutscher Sprache erschienene Zauberbuch wurde von einem gewissen Elias Piluland veröffentlicht. Er übersetzte das zuvor in England erschienene Büchlein „Hocus Pocus Junior“. Beschrieben wurden darin die gängigen Zauberkunststücke der damaligen Taschenspieler.

Dieses Buch erlebte bis ins 18. Jahrhundert zahlreiche Auflagen. Die ersten modernen Zauberbücher kamen etwas später auf den Markt. Zwischen 1880 und 1920 ragen vor allem zwei Autoren hervor: In Hamburg war es der Zaubergerätehersteller und Verleger Carl Willmann (4.5. 1848– 16.2.1934) und in Berlin der Berufskollege Willmanns Friedrich Conrad Horster (15. Januar 1870–30. August 1944). Beide verlegten eine große Anzahl von hervorragenden Zauberbüchern, die zum Teil bis heute von Bedeutung sind.

Ein Zauberbuch hat es sogar rund 60 Jahre lang geschafft, auf dem Markt zu bleiben. Autor ist Robert Robin, der eigentlich Anton Hodeck

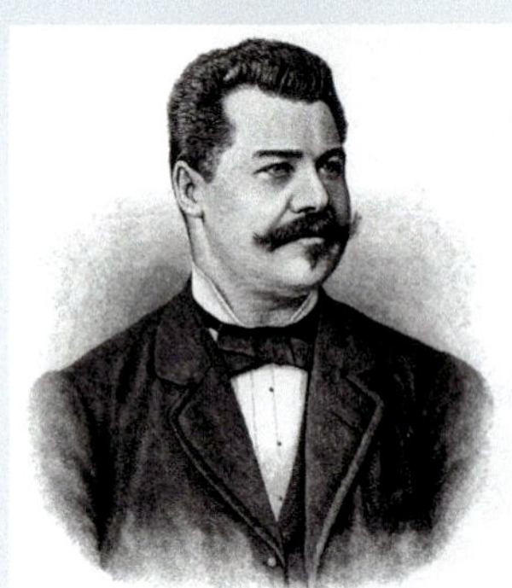

Carl Willmann aus Hamburg war einer der bedeutendsten Zauberbuchautoren des späten 19. und frühen 20. Jahrhunderts.

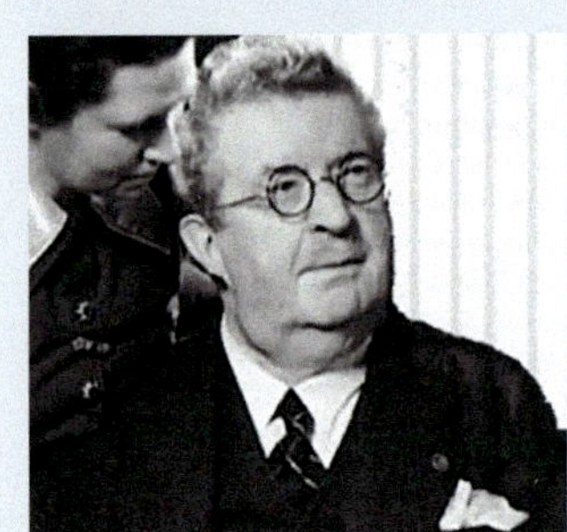

Noch produktiver als Fachschriftsteller war Friedrich Wilhelm Conrad Horster, der eine Fülle von hervorragenden Zauberbüchern herausgegeben hat.

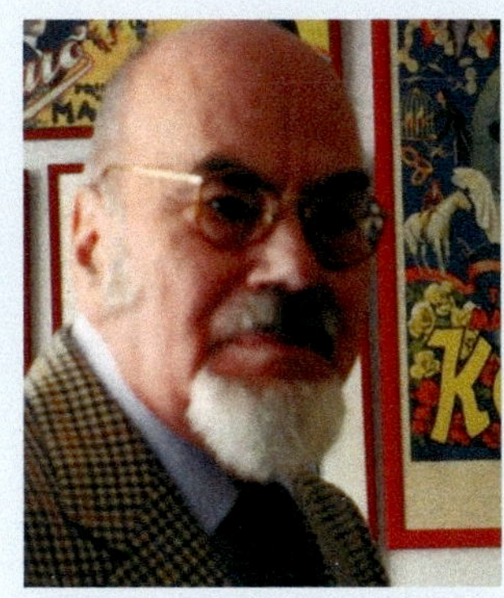

Zauberbuchautor nur für die Fachkollegen: Hannes Höller aus Düsseldorf

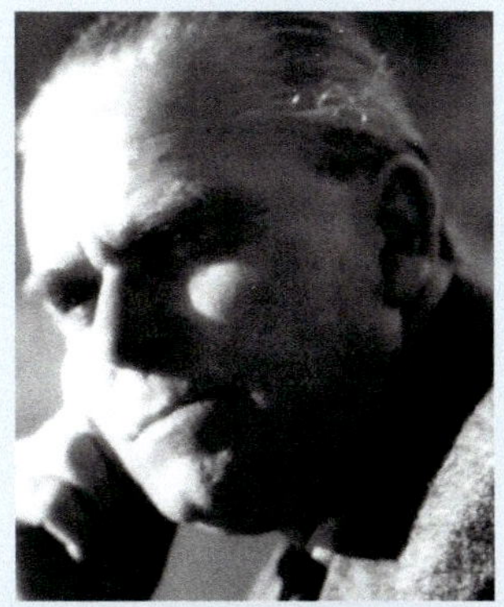

Walter Sperling, Autor von rund 30 verschiedenen Zauberbüchern

hieß und der 1883 seinen „Zauber-Salon" herausbrachte. Es wurde ab 1905 mit der 3. Auflage als „Zaubereien und Kartenkunststücke" bezeichnet und erschien mit insgesamt 13 Ausgaben bis 1955.

Besonders produktiv nach dem 2. Weltkrieg waren drei Autoren von Zauberbüchern: Walter Sperling (25.4.1897–28.10.1975), Martin Michalski (3.2.1927–21.4.2008) und Jochen Zmeck (28.5.1929).

Neben diesen Autoren, die ihre Bücher in erster Linie für das öffentliche Publikum geschrieben haben, existiert auch eine Vielzahl von Fachautoren, die ausschließlich für ihre Kollegen publizieren. Ihre Bücher findet man in keiner Bibliothek oder Bücherei. Sie sind nur den ernsthaften Zauberkünstlern vorbehalten. Erwähnt sei hier Hannes Höller (1929-2003). Der gelernte Verlagsbuchhändler beschäftigte sich seit früher Jugend mit der Zauberkunst. Sein besonderes Interesse galt der Geschichte der Zauberkunst und solchen Kunststücken, die im kleinen Kreis vorgeführt werden können. Er verfasste mehrere Bücher und brachte in Übersetzung einige Werke ausländischer Kollegen auf den Zaubermarkt.

Der Münchner Zauberkünstler Denis Behr (* 1980) schreibt seine Bücher in englischer Sprache, um dadurch noch mehr Abnehmer für seine ausgefallenen Kartenkunststücke zu finden.

Im Gegensatz zu den öffentlich zugänglichen Büchern erleben die reinen Fachpublikationen häufig nur kleine Auflagen, die sich über einen längeren Zeitraum verkaufen. Einer der wenigen Zauber-Verlage ist der im Raum Münster ansässige sic!-Verlag, der Anfang der 1990er Jahre von den beiden Zauberkünstlern Michael Sondermeyer und Uwe Schenk gegründet worden ist. Ihr Verlagsprogramm umfasst bislang rund 20 verschiedene Titel.

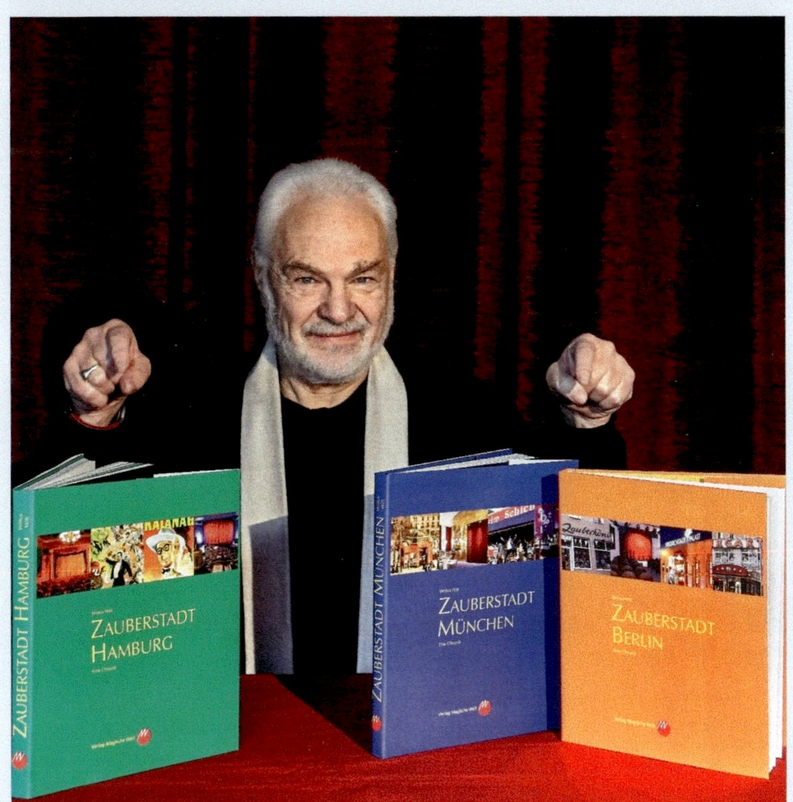

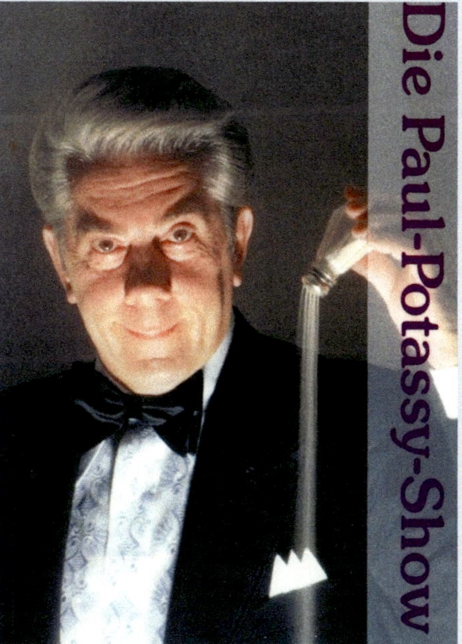

Oben: die Paul-Potassy-Show, Veröffentlichung des sic!-Verlages

Links: im Verlag Magische Welt ist die Trilogie über Zauberstädte in Deutschland erschienen: Hamburg, München und Berlin

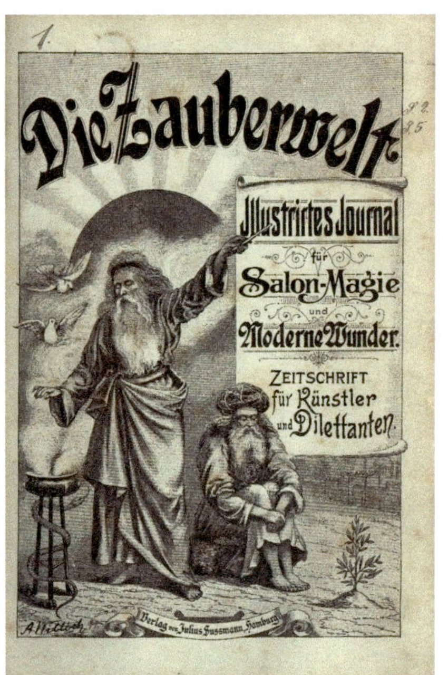

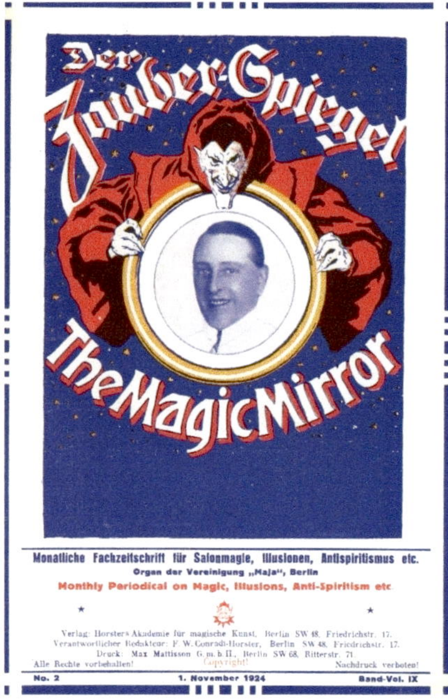

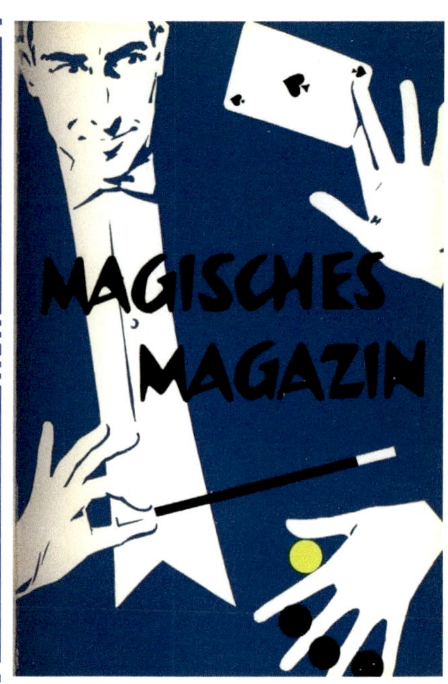

Die erste Zauberzeitschrift der Welt erschien in Hamburg 1896: „Die Zauberwelt". Kurz danach kam der „Zauberspiegel" in Berlin heraus. Von 1951 bis 1961 erschien in Bielefeld das „Magische Magazin"

Zauberzeitschriften

Zauberer schreiben für Zauberer

Zauberzeitschriften tragen dazu bei, eine Zaubergemeinschaft zusammen- und lebendig zu halten. Sie sind ein Forum für Diskussionen und bieten neuen Ideen eine Plattform. Häufig werden sie auch von Historikern genutzt, die ihre Forschungsergebnisse darin veröffentlichen.

In den ersten Zauberzeitschriften standen Beschreibungen von Kunststücken im Vordergrund. Erst in den letzten 20 Jahren hat sich der Inhalt einer Zauberzeitschrift mehr und mehr zu theoretischen Themen hin entwickelt. Allerdings wurden die Ansprüche, die man an eine Zauberzeitschrift stellt, gerade auch in den letzten Jahren mehr und mehr vom Internet wahrgenommen. Hier ist der Informationsaustausch nicht nur schneller sondern auch wesentlich kostengünstiger.

Seit 1896 kennt man Zauberzeitschriften. Die erste wurde in Hamburg von Carl Willmann (4.5.1848 – 16.2.1934) herausgegeben. 10 Jahre lange brachte Willmann pünktlich jeden Monat eine Ausgabe seiner „Zauberwelt" heraus. Er veröffentlichte Porträts bekannter Zauberkünstler und Zauberkunststücke zum Selbervorführen. Nur wenige Monate, nachdem die erste Ausgabe der Zauberwelt erschienen war, brachte der Berliner Kollege Conradi-Horster (15.1.1870–30.8.1944) ebenfalls eine Zauberzeitschrift heraus. Er nannte sie „Der Zauberspiegel". Mit einigen Unterbrechungen erschien diese Zeitschrift ebenfalls 10 Jahre lang.

Seit dieser Zeit sind weltweit Hunderte von Zauberzeitschriften erschienen. Es gibt Zeitschriften mit einer einzigen Ausgabe und es gibt solche, die sich über Jahrzehnte behaupten konnten.

Zur ältesten Zauberzeitschrift Europas gehört die „Magische Welt",

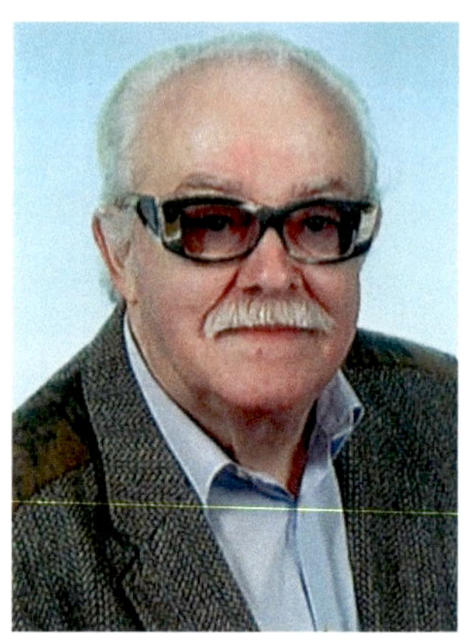

Joe Wildon (1922–2003) setzte mit seinem „Magisches Magazin" jahrelang Maßstäbe im Bereich Zauberzeitschriften. Sein Stil war brillant und die Auswahl der beschriebenen Kunststücke bestach durch Kreativität und Originalität. Von etwa 1948 bis 1970 betrieb Wildon einen Zauberversandhandel, in dem er hochwertige Zauberkunststücke anbot.

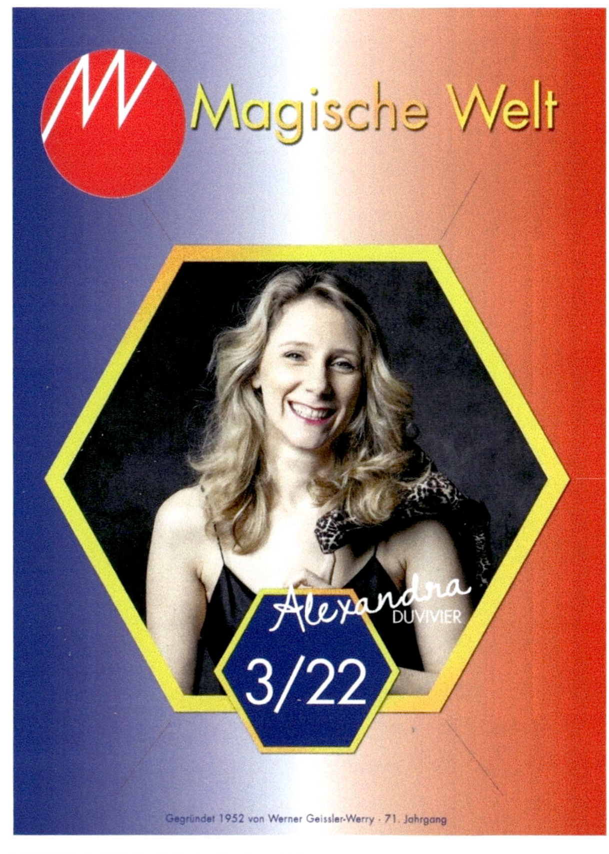

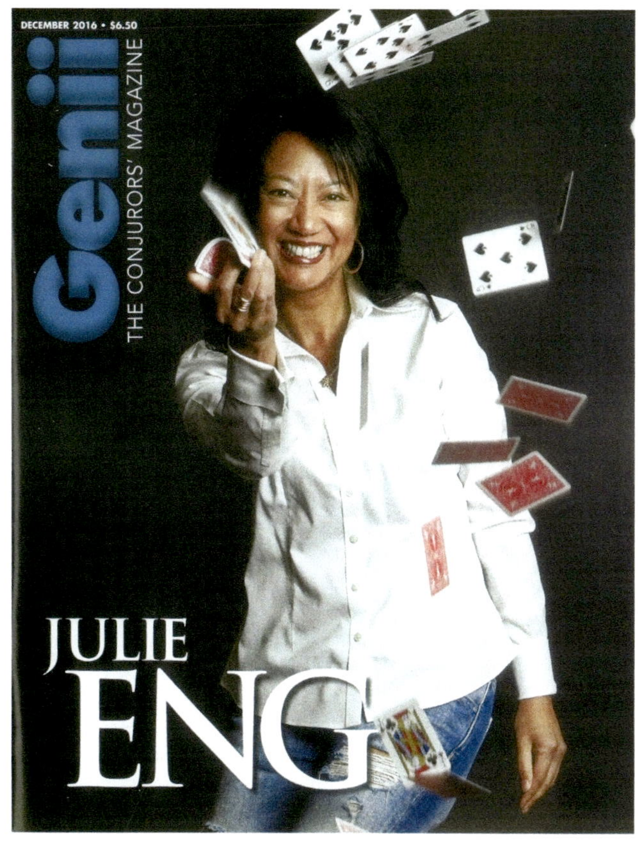

Seit 2000 erscheint in Hamburg die „Magische Welt“ in neuem Gewand sechs mal im Jahr, bereits seit über 70 Jahren. In den USA wird die „GENII“ seit 1936 monatlich herausgegeben

Zaubersalz nennt sich die regelmäßige Beilage zur Zauberzeitschrift „Magische Welt“. Hier werden neue Zauberkunststücke beschrieben, die man sonst nirgends findet. Damit ist die „Magische Welt“ die einzige Zeitschrift, die Kunststückbeschreibungen ein eigenes Forum bietet.

die 1952 von dem Dürener Zaubergerätehändler W. Geissler-Werry (13.4.1923–19.6. 2000) gegründet worden ist und die von ihm bis zum Jahre 2000 in ungebrochener Folge produziert wurde.

Nach seinem Tod hat der Zauberkünstler Wittus Witt die Zeitschrift übernommen und wesentlich modernisiert. Sie erscheint heute jeden zweiten Monat mit jeweils zwei Heften. Ein Heft ist der Theorie und Geschichte gewidmet, das andere Heft bringt Beschreibungen von Zauberkunststücken.

Eine sehr bekannte Zauberzeitschrift war das „Magische Magazin“, das von 1951 bis 1961 von dem Bielefelder Zaubergerätehändler Joe Wildon (29.7. 1922–27.9.2003) herausgegeben worden ist. Das Magische Magazin, das auch kurz als MM bezeichnet wurde, zeichnete sich durch gut gestaltete Ausgaben und besonders kreativen Inhalt aus.

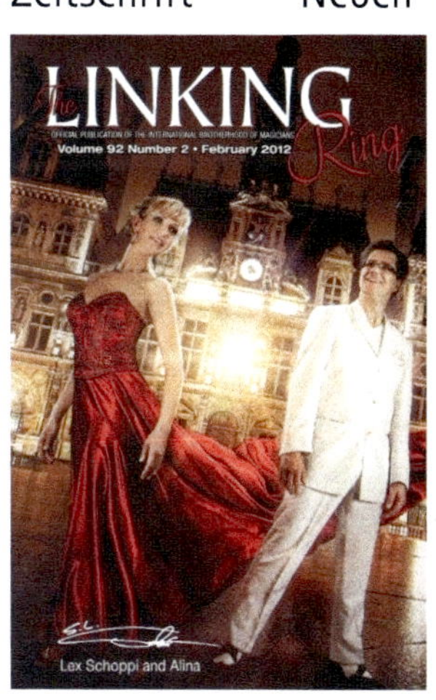

Der amerikanische Zauberverein „IBM“ gibt das Organ „The Linking Ring“ heraus

Neben der Magischen Welt in Deutschland gibt es international noch eine weitere, große Zauberzeitschriften: Seit 1936 erscheint in den USA die Zeitschrift „Genii“.

All diese Zauberzeitschriften sind für jeden frei beziehbar. Es gibt allerdings auch eine Fülle von Vereinszeitschriften, die ausschließlich den Mitgliedern vorbehalten sind.

Kassner

Der unvergleichliche Zauberkünstler

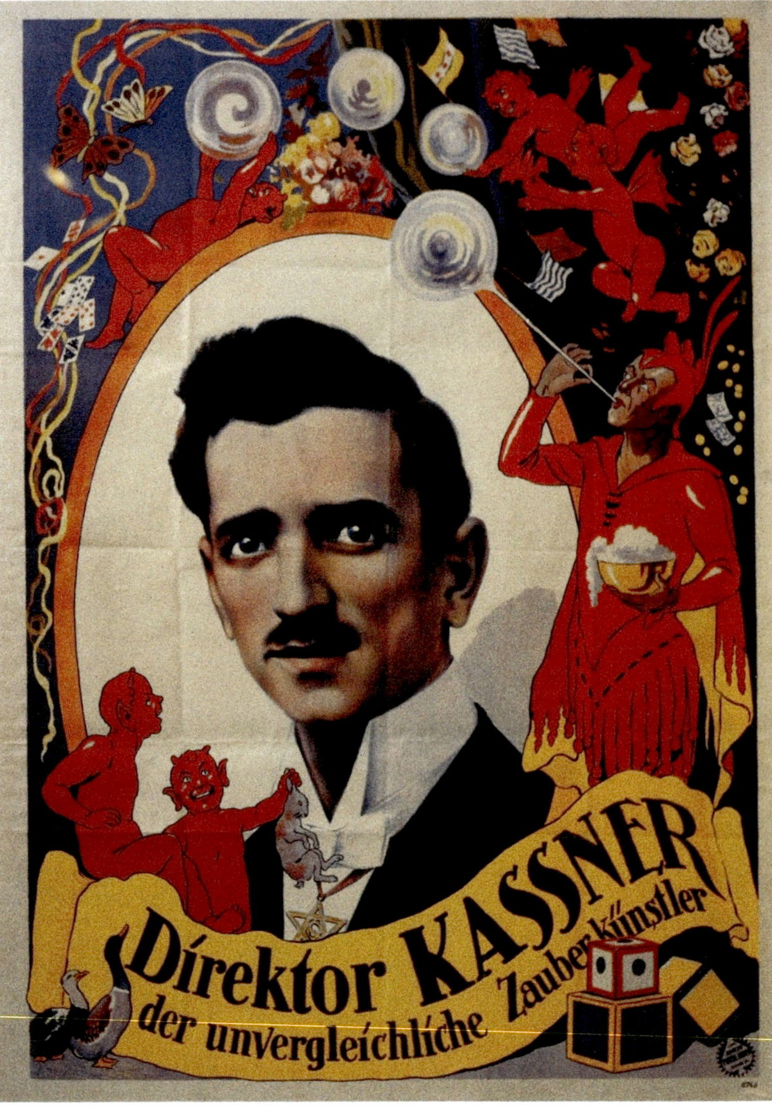

Ein frühes Plakat, das bei dem Hamburger Lithographen Friedländer gedruckt wurde

Alois Kassner wurde am 28. August 1887 in Groß-Guhlau, einem kleinen Ort in der Nähe von Breslau, geboren. Als er 18 Jahre alt war, verließ Kassner seinen Heimatort und schlug sich, völlig mittellos, nach Hamburg durch. Auf einem Volksfest begegnete er dann dem ersten „richtigen" Zauberer, Eduard Jänichen. Jänichen war ein Vollblutartist, der als Zauberkünstler, Jongleur, Seiltänzer, Schauspieler, Klavierspieler und Trompeter arbeitete, auf Volksfesten, in Gaststätten und überall, wo Menschen zusammenkamen. Kassner schloss sich Jänichen an und tingelte mit ihm etwa zwei Jahre durch Dörfer und Kleinstädte rund um Hamburg. Am 11. September 1911 gab Kassner seine erste abendfüllende Zauberschau in Stade. Aber es wurde nur ein mäßiger Erfolg. Kassner besaß damals nur wenige Geräte. Die Zauberkünstler dieser Zeit wurden vorzugsweise nach ihrer Bühnenausstattung, also dem Gewicht ihres Gepäcks eingestuft. Kassner konnte damit jedoch noch nicht konkurrieren. Aber er gab nicht auf. Bis 1914 zauberte er in den Gasthaussälen der Dörfer und Kleinstädte rund um Hamburg.

In den zwanziger Jahren baute Kassner seine Schau immer weiter aus, stellte die ersten Gehilfen ein und schaffte einige Tiere an. Bekannt wurde er aber erst durch das „Verschwinden von 12 lebenden Personen auf offener Bühne".

Kassners großer Durchbruch kam 1929, als er einen lebenden Elefanten auf offener Bühne verschwinden ließ. Das war eine Weltsensation, die vorher noch nie gezeigt worden war.

14 Jahre lang trat Kassner mit Toto auf. 1943 bekam Toto bei einem Fliegerangriff einen derartigen Schock, dass er erschossen werden musste.

Nach dem Krieg reiste Kassner mit einer etwas verkleinerten Schau. Personalmangel, schlechte Transportmöglichkeiten und ungünstige Bühnenverhältnisse zwangen ihn zu die-

Alois Kassner war in den 1920er ein erfolgreicher, deutscher Zauberkünstler, der mit großen Bühnenshows das Publikum begeisterte. Zu seinen besten Zeiten reiste Kassner sogar zu seinen Gastspielen mit eigenen Eisenbahnwaggons. Kassner war stets ein eleganter Zauberkünstler, der zusammen mit seiner Frau La Beata auftrat.

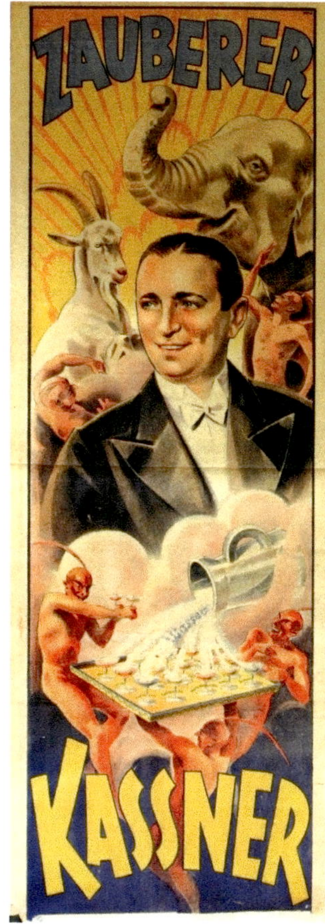

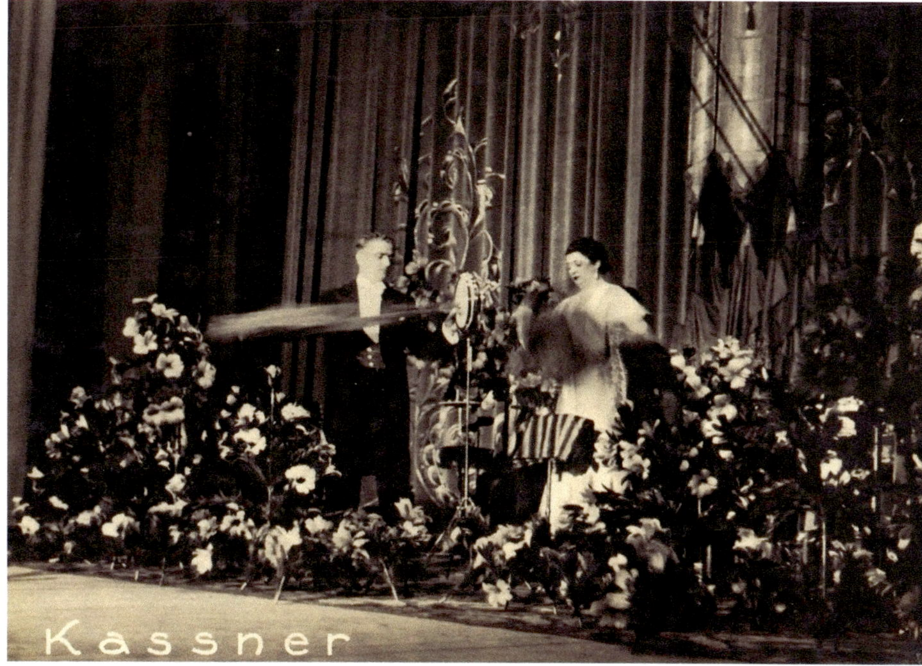

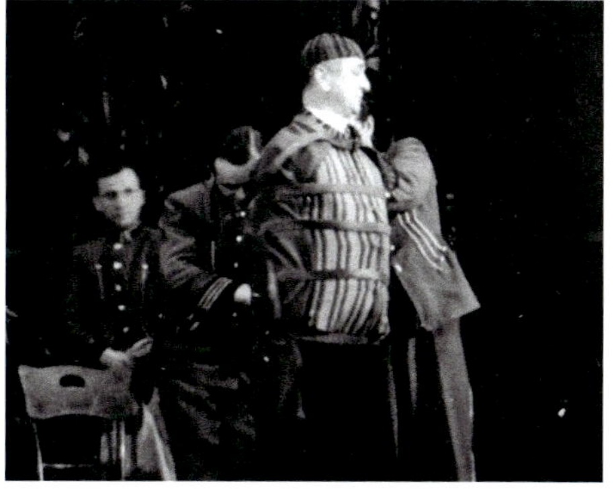

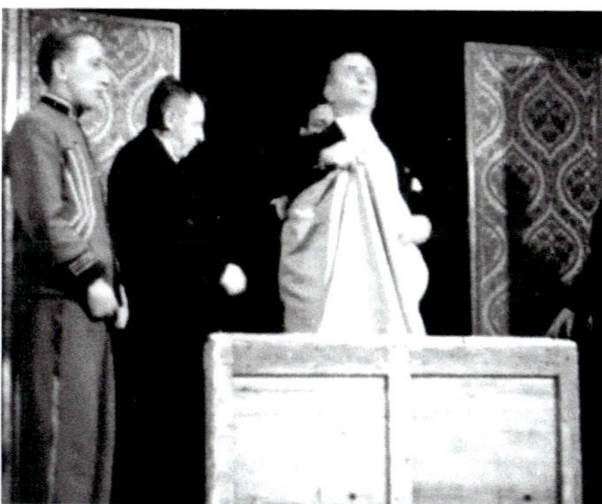

Seltene Bühnenfotos von Kassners Bühnenschau. Oben: Blumen über Blumen zum Abschluss; links: Kassner lässt sich fesseln, rechts: Kassners Trick mit der Kiste, aus der er sich befreit

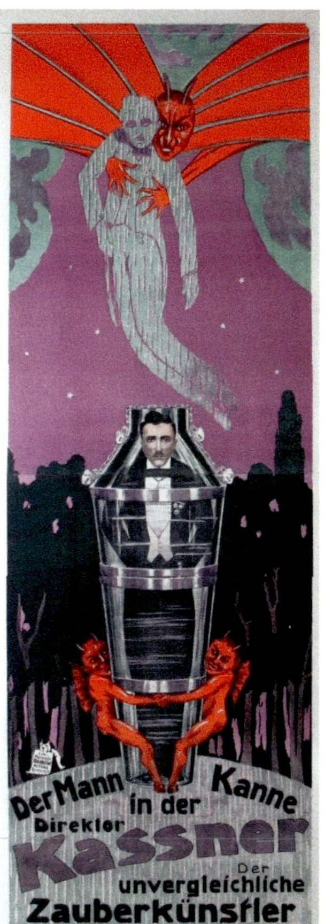

ser Reduzierung. 1952 reiste er mit seiner Schau noch einmal in die Schweiz.

Seine Abschiedsvorstellung gab Kassner im August 1954 im Berliner „Friedrichstadt-Palast". Auch seine letzten Jahre verbrachte er in Berlin, wo er am 23.3.1970 starb.

Kassner war ein grandioser Werbefachmann

Kassner war ein Meister der Werbung. Von ihm sind rund zwei Dutzend Zauberplakate bekannt. Viele von ihnen gehören heute zu Sammlerraritäten. 1911 begann Kassner zunächst mit einfachen Anschlagzetteln. Aber schon nach kurzer Zeit kaufte er die ersten „Lager-Plakate". Es handelte sich dabei häufig um einen einfachen Steindruck mit ungelenker Darstellung eines Zauberkünstlers. Allerdings waren auch diese Plakate noch recht teuer, so dass viele Zauberkünstler sie auf ein Brett aufklebten, sie dann in ein Gasthaus oder Ladenfenster stellten und später wieder einsammelten.

Die ersten eigenen Plakate ließ Kassner 1919 bei Friedländer in Hamburg drucken. Es waren Lithographien, die von Friedländer selbst gestaltet wurden.

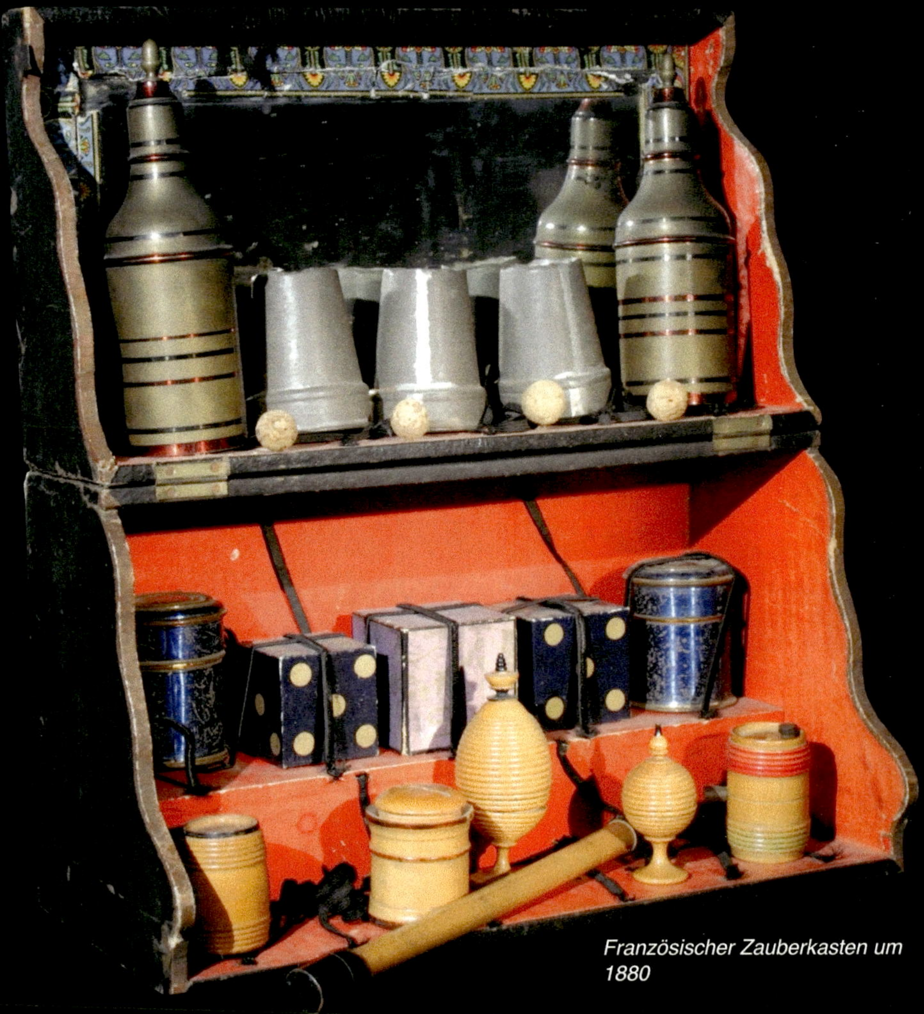

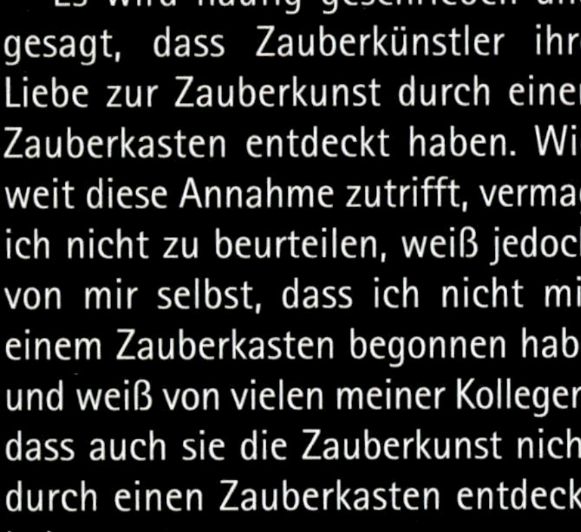

Französischer Zauberkasten um 1880

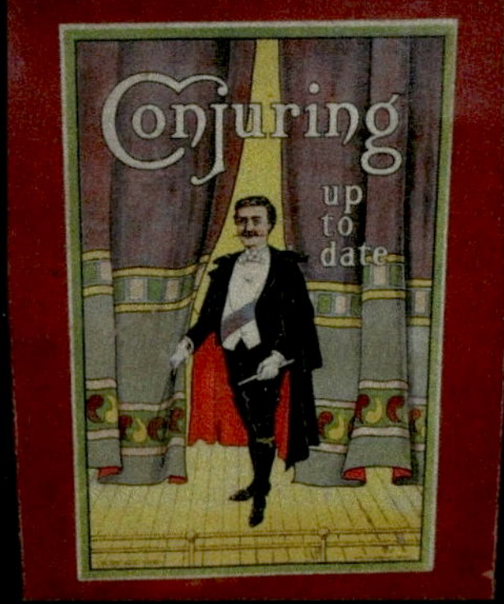

Englischer Zauberkasten um 1920

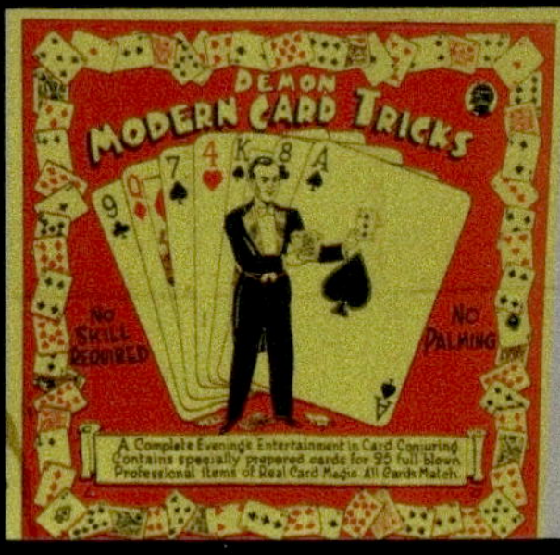

Zauberkasten nur mit Kartenkunststücken

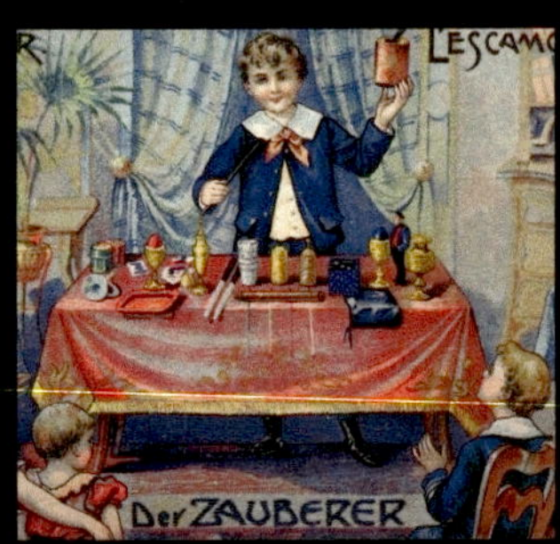

Deutscher Zauberkasten um 1920

Es wird häufig geschrieben und gesagt, dass Zauberkünstler ihre Liebe zur Zauberkunst durch einen Zauberkasten entdeckt haben. Wie weit diese Annahme zutrifft, vermag ich nicht zu beurteilen, weiß jedoch von mir selbst, dass ich nicht mit einem Zauberkasten begonnen habe und weiß von vielen meiner Kollegen, dass auch sie die Zauberkunst nicht durch einen Zauberkasten entdeckt haben.

Dennoch, der Zauberkasten ist ein sehr beliebtes Geschenk für Kinder, und in der Bundesrepublik Deutschland werden jährlich rund 200 000 Zauberkästen verkauft.

Einer der prominentesten Käufer eines Zauberkastens war Johann Wolfgang von Goethe. Er bestellte durch Marianne von Willemer zur Weihnachtszeit 1830 ein Kästchen, »worin mancherley Gerätschaft zu Taschenspieler-Künsten mit Anweisungen zum Gebrauch beysammen« sind. Dieser Zauberkasten wird heute im Goethe-Museum Düsseldorf aufbewahrt und auf Wunsch dem interessierten Liebhaber gezeigt.

Die älteste Quelle, die auf Zauberkästen hinweist, konnte ich in dem »Bestelmeier-Katalog« von 1803 finden. Unter der Bestellnummer 739 wird dort ein »Taschenspieler-Ap-

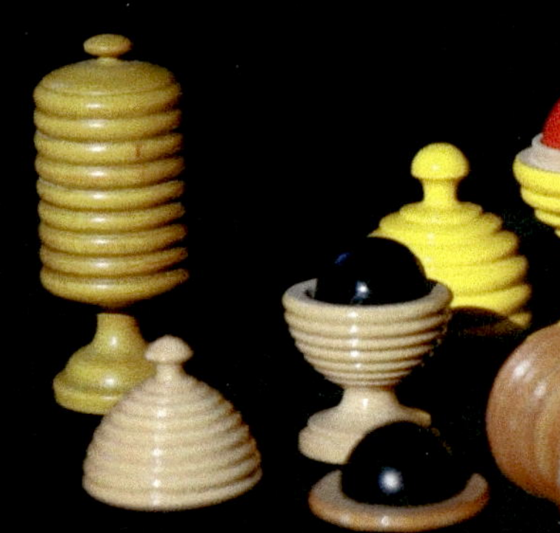

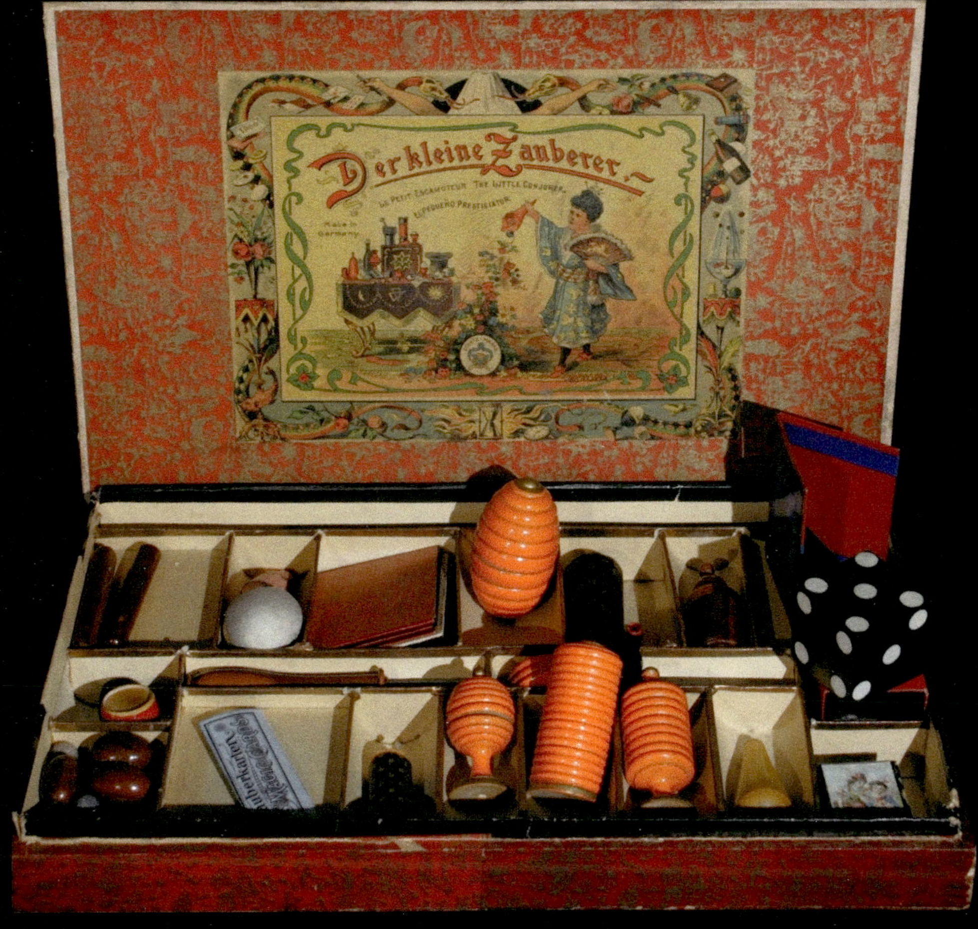

Die frühen Zauberkästen zeichnen sich besonders durch eine solide Verarbeitung aus. Die Gegenstände wurden oftmals aus Holz gedrechselt, die Illustrationen auf den Deckeln zeigten schön gestaltete Bilder.

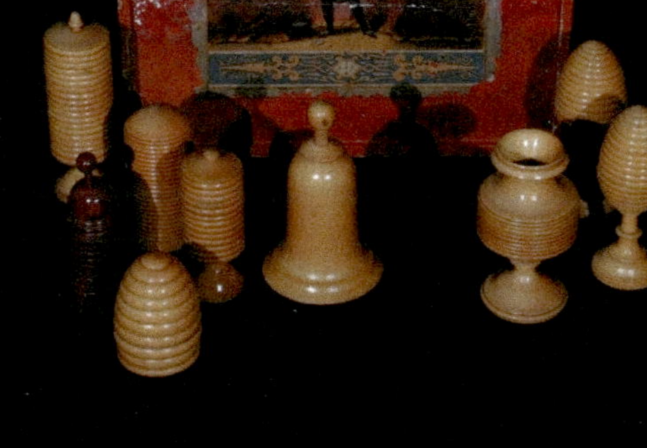

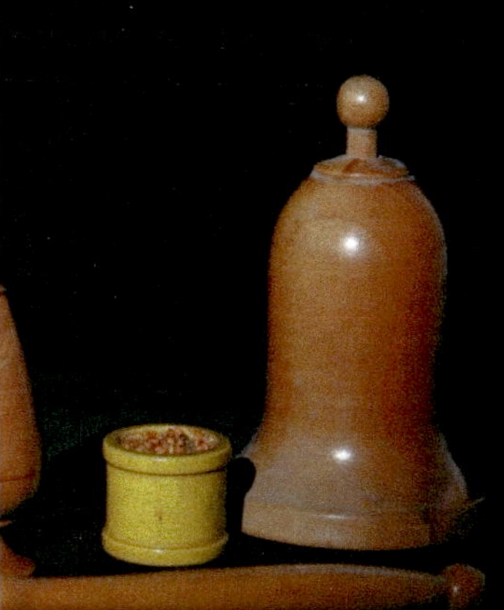

Typische Zauberkunststücke der Zauberkästen

parat«, der »aus sehr vielen Stücken« besteht, aufgelistet.

Die Bezeichnung Taschenspieler-Apparat wurde viele Jahre hindurch beibehalten. Etwa im letzten Drittel des 19. Jahrhunderts taucht der Begriff Zauberkasten auf, der bis heute gebraucht wird, obwohl es sich heutzutage kaum mehr um Kästen handelt, Kästen, die aus Holz gefertigt sind. Sagte man früher »Apparat«, so eignet sich für unsere heutige Zeit hierfür das gebräuchliche Wort »Set«, das aus dem Englischen stammt und Satz = Zusammengehöriges bedeutet.

Der Zauberkasten – hier liegt die Betonung auf Kasten – hat sich bis zur letzten Jahrhundertwende und gelegentlich darüber hinaus behaupten können. Wahrscheinlich wurde er im Zuge der Rationalisierung mit der Zeit vom Pappkarton verdrängt. Heute gibt es bis auf wenige Ausnahmen keine Kästen mehr.

Auch wenn sich die Zauberkästen in erster Linie an Kinder wenden, so sind die Kunststücke darin genauso professionell wie die der großen Zauberer. Die Geräte sind lediglich in der Größe und manchmal auch in der Verarbeitung kindgerechter.

Das „Zaubern" gehört mit zu den wenigen Tätigkeiten, die ausschließlich erst durch eine zweite Person, den Zuschauer, realisiert werden können. Der Zauberer selbst zaubert nicht, sondern lässt in den Köpfen des Publikums die Illusion entstehen, als könne er zaubern. Dies ist im allgemeinen für ein Kind ein schwer nachvollziehbarer Abstraktionsprozess. Es kommt daher nicht selten vor, dass ein Kind von einem Zauberkasten enttäuscht wird.

Fachausdrücke

Ablenken / Misdirection
Es wird die Möglichkeit beschrieben, die Aufmerksamkeit des Zuschauers zu lenken. Dabei geschieht etwas besonders Amüsantes, Interessantes bzw. Unterhaltendes neben dem eigentlichen Geschehen z. B. durch Situationskomik, Ziergriffe, erheiternde Überraschungen.

Asrah-Schwebe
Diese Version der Groß-Illusion wurde sehr wahrscheinlich 1914 von dem belgischen Zauberkünstler Servais le Roy (1865-1953) erfunden und erstmalig vorgeführt. Eine mit einem Tuch bedeckte Dame steigt von einem Tisch aus in horizontaler Lage nach oben, dort schwebt sie. Nach dem Abziehen des Tuches ist sie spurlos verschwunden.

Aufsitzer
Trickgeschehen, das vom Zuschauer scheinbar durchschaut wird. Am Schluss stellt sich aber heraus, dass die Vermutung falsch war. Insgesamt zeugt solch eine Vorführung von der mittlerweile überholten, überheblichen Einstellung von Zauberern, die sich gern als Überlegene aufspielen.

Becherspiel
Es gehört zu den ältesten beschriebenen

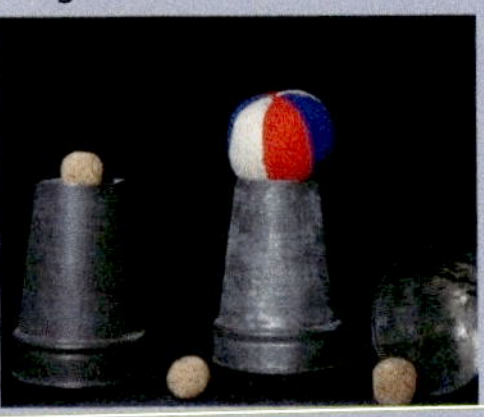

Kunststücken. Kleine Kugeln oder Bälle wandern unter mehreren Bechern hin und her oder durchdringen sie. Häufig erscheint zum Schluss ein großer Ball oder eine Frucht unter einem der Becher.

Besenschwebe
Vom Prinzip her wurde diese Groß-Illusion bereits von Robert-Houdin (1805-1871) erfunden. Eine Assistentin besteigt einen Hocker und wird vermeintlich hypnotisiert. Anschließend werden zwei Flachbesen unter ihre Schultern gestellt. Nun wird der Hocker unter ihren Füßen weggezogen. Ein Besen wird entfernt und schließlich die Dame noch angehoben, so, dass sie zum Schluss waagerecht auf dem Besen ruht und auch um die Besenachse gedreht werden kann.

Billardballkunststück
1875 erfand Joseph Buatier [de Kolta] (1847-1903) dieses Kunststück. Es wird auch als „Chicagoer Billardballkunststück" bezeichnet. Zwischen den Fingern der Hand erscheinen nacheinander 4 solide Bälle. So wie sie erschienen sind, verschwinden sie auch wieder einzeln.

Close-up Zauberei
Der Begriff ist dem anglo-amerikanischen Sprachgebrauch für Zauberkunststücke am Tisch entnommen. Er sagt aus, dass die Kunststücke hautnah, unmittelbar unter den Augen der Zuschauer, stattfinden. Eine Bühne ist für diese Vorführsituation nicht notwendig.

Eierbeutel
Das Kunststück geht auf eine Beschreibung aus dem Jahr 1763 zurück: „The whole Art

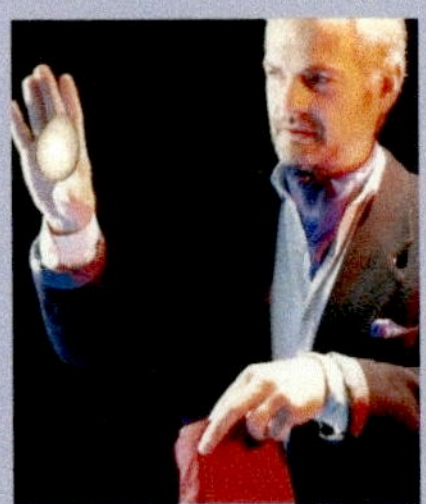

of Legerdemain: Or Hocus Pocus in Perfection", London, 1763, „How to shew the Hen and Egg-bag, and out of an empty Bag to bring out above an Hundred Eggs, and afterwards to bring out a living Hen." In einem etwa handgroßen Beutel erscheint und verschwindet ein Ei. Obwohl dieses Kunststück nicht nur Hunderte von Jahren alt ist, sondern auch gern seit etlichen Jahren in Kinderzauberkästen und vielen -büchern beschrieben wird, hat es von seiner Attraktivität bis heute nichts verloren und findet immer noch sein bezaubertes Publikum. Inzwischen gibt es eine Reihe von Varianten wie z. B. Beutel (als Waschlappen) mit einem Stück Seife oder Beutel mit einer goldenen Kugel. Der besondere Reiz des Kunststückes liegt jedoch in dem (vermeintlich) rohen Hühnerei, das als äußerst zerbrechlich gilt.

ESP
Die drei Buchstaben stehen abgekürzt für „Extra Sensory Perception", was häufig mit „Außersinnliche Wahrnehmung" ins Deutsche übersetzt wird (ASW). Der Ausdruck ESP wurde 1870 von Sir Richard Burton gebraucht und von Dr. Paul Joire im Jahre 1892. Er soll das Phänomen einer Person beschreiben, die ohne ihre normal gebräuchlichen Sinne in der Lage ist, Gedanken oder Bilder aufzufangen, während sie sich in einer Art Trancezustand befindet. 1930 experimentierte damit der amerikanische Parapsychologe J. B. Rhine. Er benutzte Karten mit bestimmten Symbolen, die man seit dieser Zeit mit ESP-Zeichen beschreibt: Kreis, Quadrat, Kreuz, Dreieck und Wellenlinien.

FISM
Die vier Großbuchstaben stehen als Abkürzung für „Fédération Internationale des Sociétés Magique".
Es ist der Dachverband weltweit angeschlossener Zaubervereine, der 1947 ins

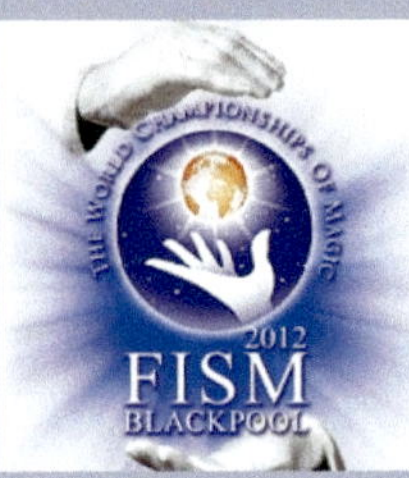

Leben gerufen wurde. Im Jahre 2007 waren der FISM Zaubervereine aus insgesamt 60 Ländern angeschlossen. Der auf 9 Jahre gewählte Generalsekretär ist zurzeit Eric Eswin. Alle drei Jahre führt die FISM den Weltkongress der Zauberkunst durch.

Fluchtkiste
Sie wird auch gelegentlich als Austauschkiste bezeichnet. Es ist eine große Illusion, bei der eine an den Händen gefesselte Person zunächst in einen Sack, dann in eine Kiste eingeschlossen wird und sich daraus in kürzester Zeit befreit. Das geht meist so vor sich, dass der Vorführende auf die Kiste steigt, in der sich die gefesselte Assistentin befindet. Er ergreift einen runden Vorhang, hebt diesen bis über seinen Kopf hoch, und wenn sich der Vorhang wieder senkt, steht die Assistentin auf der Kiste, während sich der Vorführende darin befindet. Die Grundidee findet sich in J. N. Maskelynes „Box Trick" wieder. Unter der Bezeichnung „Metamorphosis" brachte der Zauberkünstler Harry Houdini dieses Kunststück 1893 zum ersten Mal auf die Bühne.

Gaukler
Frühe Bezeichnung (16. bis 18. Jhd.) für Künstler, die auf Straßen und Jahrmärkten auftraten. Man verstand darunter Jongleure, Akrobaten, Feuerschlucker und auch Zauberer bzw. Taschenspieler.

Gimmick
Hilfsmittel: Spezielles Utensil, von dem der Zuschauer nichts weiß und das ihm verborgen bleibt. Gimmicks können z. B. auch sein: Drähte, Fäden, Magnete; aber auch ein extra angefertigtes, für nur ein Kunststück wichtiges Hilfsmittel.

Groß-Illusion
Unter diesem Begriff erfasst man in Fachkreisen vorwiegend Kunststücke, die auf einer entsprechend dimensionierten Bühne vorgeführt werden müssen, da die verwendeten Requisiten die Länge eines Menschen erheblich überragen. Im Vordergrund stehen Effekte, bei denen Personen verschwinden, erscheinen und sich in andere Gestalten verwandeln sowie Effekte, bei denen Personen zerteilt werden und schweben.

Kartenfang
Eine Manipulation lässt in leer gezeigten Händen Spielkarten einzeln oder als Fächer erscheinen.

Kugelbüchse

In einer aus Holz gedrechselten Büchse (oder auch Vase) befindet sich ein Ball (oder ein Ei), der daraus verschwinden und wieder erscheinen kann. Nach demselben Prinzip funktionieren auch so genannte „Eiervasen". Das Kunststück wurde zum ersten Mal in dem Buch „The Whole Art of Legerdemain" von Henry Dean 1763 beschrieben. Seit dem frühen 19. Jahrhundert taucht es bis heute (aus Kunststoff) in fast allen Zauberkästen auf.

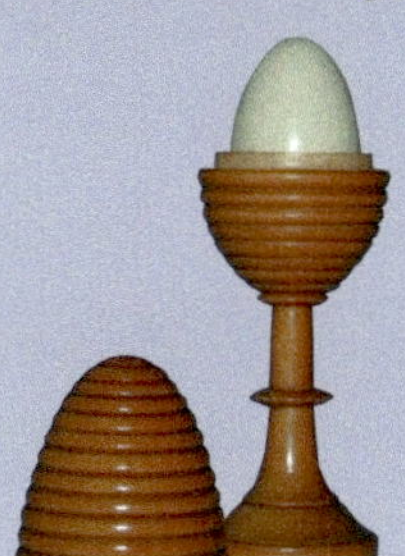

Magic Castle

Treffpunkt der Zauberkünstler in Hollywood (USA). 1963 wurde das Gebäude, das einem Schloss gleicht, von den Brüdern Milt und Bill Larson für die Mitglieder der „Academy of Magical Arts" eröffnet. Es beherbergt ein Theater für 110 Personen, einen weiteren Saal für Tischzauberkunst sowie ein Restaurant.

Magischer Zirkel von Deutschland

Abk. MZvD, Zaubervereinigung in der Bundesrepublik Deutschland. Der MZvD wurde 1912 gegründet. Sein Fachorgan ist die Zeitschrift „Magie". Er gliedert sich in Ortszirkel, betrachtet sich aber auch als internationale Vereinigung. Er verfügt über eine Bibliothek, die den Mitgliedern zur Verfügung steht, und organisiert regelmäßig Kongresse und Wettbewerbe.

Mentaleffekte

Kunststücke, zu denen alle mittels Tricktechnik erreichten Effekte gezählt werden, die wie paranormale Erscheinungen wirken. Für eine Reihe dieser Effekte wurden Bezeichnungen aus der Parapsychologie und des Okkultismus übernommen. Zu den Mentalkunststücken zählen die außersinnliche Wahrnehmung (Telepathie, Hellsehen in den Formen Clairvoyance und Präkognition), das Gedankenlesen, die Kontrolle, das Orten, die Psychokinese, Tonbandeffekte und Materialisation.

Mnemotechnik

Mit Hilfe von vorher festgelegten Assoziationshilfen wird das Gedächtnis trainiert, Wörter, Zahlen und Zusammenhänge zu speichern. Ein beliebtes Beispiel der Mnemotechnik ist das Merken von 10 bis 20 Wörtern, die von Zuschauern genannt werden. Der Vorführende notiert die Begriffe in numerischer Reihenfolge. Nach wenigen Sekunden ist er im Stande, die Begriffe in beliebiger Reihenfolge aufzusagen, rückwärts, vorwärts und nach Zurufen einzelner Ordnungszahlen. Die ersten bildhaften Assoziationshilfen soll der griechische Dichter Simonides bereits im Jahre 500 v. Chr. angewandt haben. Das Wort Mnemotechnik ist abgeleitet von Mnemosyne, der griechischen Göttin der Erinnerung.

Papierfaltekunst

Die Papierfaltekunst ist ein bei Zauberkünstlern beliebtes Randgebiet. Eine der frühesten Erwähnungen findet man in dem Buch „The Whole Art of Legerdemain" von Henry Dean, 1763. Aus einem ziehharmonikaförmig gefalteten Papierbogen werden Figuren geformt: Vase, Hut, Leuchter, etc.

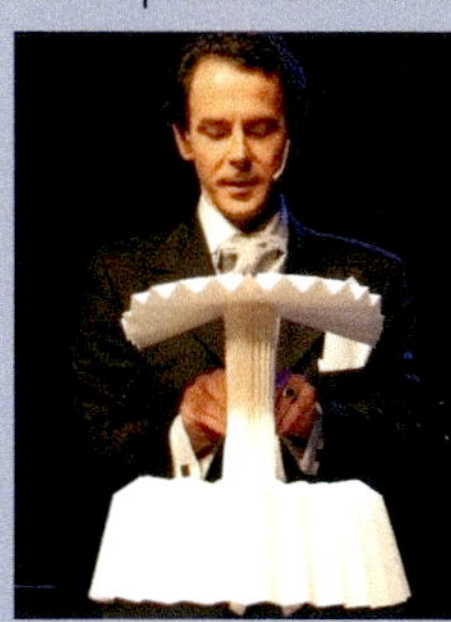

Palmage / Palmieren

Abgeleitet vom lateinischen „palma", die Handfläche, versteht man unter dem Palmieren das Verbergen von kleinen Gegenständen in der Hand. Das Palmieren kann während des Ausführens eines Kunststückes oder bereits vor dem Auftritt geschehen sein.

Ringspiel

Beliebtes Kunststück, bei dem sich eine Anzahl einzelner Stahlringe (6 bis 12) ver- und entketten lassen. Häufig wird es auch als das „Chinesische Ringspiel" bezeichnet, weil man jahrelang glaubte, es wäre im 19. Jahrhundert aus China in den Westen gekommen. Quellen belegen jedoch, dass es bereits im 16. Jahrhundert in Europa gezeigt wurde. Der italienische Physiker und Mathematiker Girolamo Cardano (1501-1576) berichtete in seinem Buch „De Subtilitate" von einer Gauklerschar, die einzelne Ringe in die Luft warf und verkettet auffing. Eine modernere Version schuf der kanadisch-amerikanische Zauberkünstler Dai Vernon, der 6 Ringe benutzte. Der holländische Zauberkünstler Richard Ross reduzierte die Anzahl abermals und schuf ein Spiel mit nur 3 Ringen.

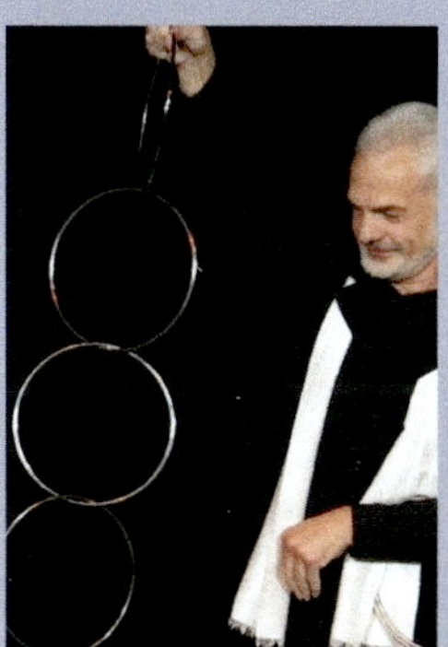

Sim Sala Bim

Beliebter Zauberspruch, der seit den frühen 1930er Jahren von dem dänisch-amerikanischen Zauberkünstler Dante für die Zauberei kreiert wurde. Später übernahm ihn der deutsche Zauberkünstler Kalanag und machte ihn in Deutschland bekannt.

Tanzender Spazierstock

Das Prinzip des „Tanzenden Stabes" geht auf Hofzinser zurück. Eine Beschreibung dazu findet sich jedoch auch in dem Buch „The Magician's Own Book" von 1857. 1972 brachte der Zaubergerätehändler und Erfinder W. Geissler-Werry einen Stab aus Kunststoff heraus, der zunächst zwischen den Händen des Vorführenden tanzt, um anschließend zu verschwinden.

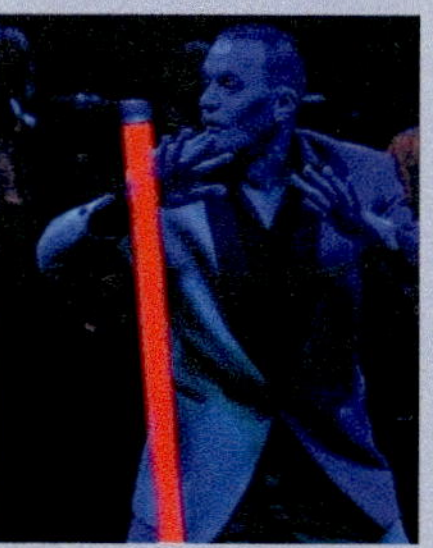

Tele-Zauber

Unter diesem Begriff versteht man das interaktive Zaubern via Fernsehgerät. Der Zauberkünstler fordert die Zuschauer auf, bestimmte Aufgaben am Bildschirm zu verfolgen, so wird z. B. eine Grafik eingeblendet, auf welcher verschiedene Linien dargestellt sind, die der Zuschauer verfolgen soll. Zum Schluss gelangt er an eine bestimmte Position, die der Zauberkünstler vorausgesehen hat. Bei diesem Prinzip tritt also bei allen Zuschauern derselbe Effekt ein. Ein Wegbereiter der Tele-Zauberei war u. a. der amerikanische Zauberkünstler Max Maven. In Deutschland führte Wittus Witt diese Vorführart weiter (1993-1997) und verband sie mit der Funk-Zauberei. In Live-Fernsehsendungen konnten Anrufer mit ihm direkt zaubern, so, dass die Lösung nicht mehr bei allen Fernsehzuschauern eintraf, sondern nur bei den Mitspielern.

Tisch-Zauberei

Kunststücke werden hautnah, unmittelbar unter den Augen der Zuschauer vorgeführt. Fachleute sprechen auch oft von „Close-up"-Zauberei.

Volte

Ein unbemerktes, mit und unter Deckung der Hände und durch Ablenkung der Aufmerksamkeit ausgeführtes Abheben des Spiels, um eine Karte aus der Mitte nach oben oder von oben in die Mitte oder nach unten zu bringen. Die Volte kann mit zwei Händen oder auch mit einer Hand ausgeführt werden.

Zeittafel der Zauberkunst

Ca. 2500 vor Chr. Geburt
Der Zauberer Dedi zeigt Zauberkunststücke am Hofe des Königs Cheops.

1584
Reginald Scot, ein englischer Schriftsteller und Landwirt, veröffentlicht ein Buch, in dem zum ersten Mal Zauberkunststücke detailliert beschrieben werden: The Discoverie of Witchcraft.

um 1740
Der Taschenspieler Joseph Fröhlich (1694–1757) wird bekannt. Er tritt unter anderem am Hofe von August dem Starken auf.

um 1780
Der „Graf" Cagliostro (1743-1795) tritt als Zauberkünstler auf, er wird aber auch als Scharlatan entlarvt.

um 1830
Bartolomeo Bosco (1793–1863) verzaubert sein Publikum. Er gilt als einer der ersten wahren Taschenspieler, der seine Zuschauer nicht täuschen, sondern unterhalten will.

um 1830
Der österreichische Zauberkünstler und Wissenschaftler Ludwig Döbler (1801–1864) verzaubert die Wiener Gesellschaft. Sein Lieblingskunststück ist das Herbeizaubern von Blumen.

1845
Der Franzose Jean Eugène Robert-Houdin (1805–1871) eröffnet das erste Zaubertheater und lädt das Publikum zu seiner „Soiree Fantastique" ein.

1850
In Österreich begründet der Wiener Zauberkünstler Johann Nepomuk Hofzinser (1806–1875) in den Wiener Salons seine „Stunden der Täuschungen".

1896
Carl Willmann (1848–1934) gibt die erste deutsche Zauberzeitschrift heraus: Die Zauberwelt.

1896
Einige Monate später gibt der Berliner Zaubergerätehersteller Conrad Horster (1870–1944) ebenfalls eine Zauberzeitschrift heraus: Der Zauberspiegel.

1920
Alois Kassner (1887–1970) baut nach 1918 eine große Zauberschau auf. Sein Hauptkunststück, das ihn schlagartig berühmt macht, ist das Verschwindenlassen eines lebenden Elefanten.

1930
Fredo Marvelli (1903–1971) entwickelt eine neue Art der Zauberpräsentation. Er verzichtet auf große Gerätschaften, kleidet seine Kunststücke in intelligente Texte ein und lässt zu vielen Kunststücken klassische Musik spielen. Fredo Marvelli ist der erste deutsche Zauberkünstler, der in Konzertsälen auftritt.

1949
Der ehemalige Filmproduzent Helmut Schreiber nennt sich Kalanag (1903–1963) und stellt unmittelbar nach dem zweiten Weltkrieg eine große Zauberrevue zusammen.

1950
Der deutsche Werbefachmann Ludwig Hanemann (1907– 1996) orientiert sich an Fredo Marvelli und führt dessen Tradition, in Theatern aufzutreten, nicht nur fort, sondern entwickelt darüber hinaus ebenfalls einen neuen Stil. Er teilt seine Programme in vier unterschiedliche Akte auf.

1952
Der Dürener Zauberkünstler und -händler W. Geissler-Werry (1925–2000) beginnt mit der Herausgabe der Zauberzeitschrift „Magische Welt".

1960
Alexander Adrion (1923 – 2014) führt ebenfalls die Marvelli-Tradition fort und tritt mit seinen „Kammerspielen des Scheins" in ausgesuchten Kreisen auf. 1968 trifft er mit Heinrich Böll zusammen. Die Gespräche bilden die Grundlage für das Buch „ZaubereiZauberei". Adrions Bücher werden in sechs Sprachen übersetzt.

1974
Doug Henning (1947–2000) in den USA tritt in „Hippie"-Kleidung auf und prägt einen neuen Stil in der Zauberkunst.

1984
Der WDR strahlt einen 2-stündigen Film unter dem Titel „Die Kunst der Täuschung" mit den Protagonisten Flip und Wittus Witt aus

1993
Im Trude-Kollmann-Theater „Die kleine Freiheit" in München gastiert zum ersten Mal drei Wochen lang ein Zauberkünstler.

1993
Der amerikanische Zauberkünstler David Copperfield (* 1956) geht zum ersten Mal in Deutschland auf Tournee.

1993
Im WDR-Hörfunk beginnt eine zweijährige Zauberserie „Zaubern im Hörfunk" mit Wittus Witt.

1994
Die Münchner Zauberwochen werden ins Leben gerufen.

1993 bis 1997
Das WDR-Fernsehen beginnt, eine 14-tägige Zauberserie unter dem Titel „Kuk-Tele-Zauberei" auszustrahlen. Wittus Witt zeigt jeweils live ein interaktives Kunststück mit Anrufern.
Es werden 87 Folgen produziert.

1996
Der amerikanische Zauberkünstler David Blaine (*1973) zeigt eine neuartige Form der Fernsehzauberkunst: Es geht in erster Linie um die Reaktionen der Zuschauer, die wiederholt gezeigt werden, nachdem Blaine ein Kunststück auf der Straße vorgeführt hat.

1997
Die Ingolstädter Zaubertage beginnen.

2004
Das Zauberschloss Schönfeld bei Dresden wird eingeweiht.

2006
Cody Stone (*1987) beginnt im Disney-TV vier Zauber-Staffeln mit jeweils 26 Folgen unter dem Titel „Magic Attack".

2011
Die Hamburger Zaubernächte beginnen.

2012
Die Ehrlich-Brothers treten in der TUI-Arena Hannover vor 10 000 Personen auf.

2010-15
In Deutschland entstehen ab diesem Jahr mehrere Close-up-Zaubertheater, unter anderem:
„Wundermanufaktur" mit Stephan Kirschbaum in Nürnberg, „Strotmanns Magic Lounge" mit Thorsten Strotmann in Stuttgart, „Krist Table Magic Theater" mit Alexander Krist in München und der Zauber-Salon Hamburg in der Galerie-W, heute Museum Bellachini.